Abnormal Psychology

变态心理学

案例、成因、诊断、治疗

隋岩（知名心理作家）◎著

京师心智（专业心理教育机构）◎组编

台海出版社

图书在版编目（CIP）数据

变态心理学：案例、成因、诊断、治疗 / 隋岩著 . --
北京：台海出版社，2018.1（2024.3 重印）
 ISBN 978-7-5168-1720-9

 Ⅰ . ①变⋯ Ⅱ . ①隋⋯ Ⅲ . ①变态心理学—通俗读物
Ⅳ . ① B846-49

 中国版本图书馆 CIP 数据核字（2017）第 317994 号

变态心理学：案例、成因、诊断、治疗

著　　者：隋　岩

责任编辑：高惠娟　贾凤华
责任印制：蔡　旭

出版发行：台海出版社
地　　址：北京市东城区景山东街 20 号　邮政编码：100009
电　　话：010 — 64041652（发行，邮购）
传　　真：010 — 84045799（总编室）
网　　址：www.taimeng.org.cn/thcbs/default.htm
E - mail：thcbs@126.com

印　　刷：三河市嘉科万达彩色印刷有限公司
开　　本：710 毫米 ×1000 毫米　1/16
字　　数：177 千字
印　　张：14
版　　次：2018 年 1 月第 1 版
印　　次：2024 年 3 月第 2 次印刷
书　　号：ISBN 978-7-5168-1720-9
定　　价：59.80 元

前　言

　　读者诸君，这是一本有关变态心理学基本内容及治疗建议的心理学科普书籍。这也是我出版的第六部《变态心理学》专著。本书的特点是以变态心理学基本内容为基础，挑选出与大家的日常生活息息相关的异常心理重点介绍，结合当下社会上发生的各类异常现象，以贴近生活的方式介绍变态心理学及其治疗。

　　本书一共有十一个章节，从内容上可以分为三个主要部分：

　　第一部分是第一章、第二章，算是整本书的"绪论"，从历史与现实介绍变态心理学的发展以及心理学对变态心理的评估、诊断与研究。第一章包括如何定义"变态"、人们对变态心理学的早期认识，变态心理学一路走来的流派发展和研究等。第二章则具体介绍临床面谈、行为观察等评估诊断方法。

　　第二部分包括从第三章到第十章，分别从焦虑障碍、应激障碍、心境障碍、人格障碍、进食障碍、药物依赖、童年期障碍、老年期障碍等方面具体地介绍异常心理的表现、诊断与治疗。

　　第三部分即最后一章，从心身疾病的角度讨论生理因素与心理因素的交互作用。对一切心理异常的认知都是为了获得更健康的生活，想要获得健康的心理状态，则需要从性格因素、处理问题的方式、应对压力的方式等多方面努力。这一章的基本观点来自健康心理学，希望能起到抛砖引玉的作用，引起读者朋友对身体疾病中的心理因素的重视。

总之，希望大家从这本书中获益，在生活中保持身心健康。

隋岩

目　录

第一章

谁人来识病与变——初知变态

此变态与彼变态——何以定义变态

套用村上春树的句式，当我们讨论变态时，我们在谈论什么？

日常生活中，人们习惯将"变态"作为表达强烈情绪的词语使用。当"变态"被用到生活中各个方面，用到滥时，只要与自己既定观念不符合的事情，就会被冠以"变态"之名。酒蒙子在大街上撒泼，网友一阵评论说他"喝酒喝到变态"，古代男子嗜臭成癖，喜欢把玩、欣赏女子的"三寸金莲"，在现代人的眼光下，这种病态审美无疑是心理大大的变态。当"变态"一词充斥生活，它成了发泄程度弱于粗口的粗口，更成为一切"异常"的代名词。

说到"异常"，还真的和心理学上提到的"变态"有了一点关系。心理学所讲此变态与日常生活中的彼变态并不一致，从范围上说，它没有日常口语中"变态"一词涵盖的范围广阔。英语中"变态"即"Abnormal"，与"Normal"相对，其实就是"正常"与"不正常"，如果把"变态心理"翻译为"不正常心理"，今日也不会有如此之多变态与非变态歧义，不过论骂人的话，"你不正常呀"远远没有"你个死变态"有节奏感和快感。

日常生活中变态之人到处有，变态之事随处可见，举个例子，2017年2月26日，河北大学的学生曝光了在河大校园里游走的变态。爆料人是一个女孩子，下午时分，她在教学楼里上自习，当她去卫生间方便时，看到一位黑衣男子在厕所附近徘徊，等这位女孩子从厕所里出来，看见那名黑衣男子裤子拉链没拉，生殖器暴露在外，见到女孩之后，还一直叫她过来。女孩没见过此等场面，一下子被吓到，勿勿跑回自习室。她叮嘱其他同学不要走到"危险区域"去，之后，她便把这一经历曝光在网上，提醒学校里的其他同学。

如何定义变态？简单来说，极大地偏离了"正常"就可以说成是变态。全面地看，判别一个行为或一个人是否变态，可以从七个方面进行，包括痛苦、适应不良、不合理、不可预知性、少见的和非传统性、观察者不适和违背标准。在心理学上，那位黑衣男子的行为即变态行为、异常行为，属于性心理障碍中的"暴露癖"。

所谓暴露癖就是指在公众场合故意裸露自己隐私部位以达到性快感的行为，比如暴露内衣、乳房，尤其指露出性器官。暴露癖中，男性居多，也有女性。暴露癖往往不具备攻击性，在看到观望者的惊慌失措后，他们会有一种强烈的性满足，这正是他们的兴趣所在。暴露是其一，被人看到才是关键，而且，仅仅止于被看到就可以，暴露癖通常没有实质性的伤害行为，比如强奸。

针对这类变态行为，"看热闹不怕事儿大"的网友们各有对待举措，有人说，既然他喜欢被人看，不妨走到近处瞧一瞧，成全他的心理期待，或者拿出手机拍下他的脸再好不过；当然，也有彪悍的女汉子建议，应该凑到他跟前讽刺几句。这些对策里有多少意淫的成分不可知，听起来痛快，有多少实用价值呢？毕竟现实中，许多被辣到眼睛的女孩子都是"小白兔"，普遍反应是吓得要死，之后便脚下加速，溜得比兔子还快。其实可以有更理智的解决方法，比如见到暴露癖，对着人群喊"你神经啊，这么恶心"，或者直接威胁："我打110，让警察来抓你。"暴露狂做贼心虚，通常都会马上逃走。

换个角度说，心理变态者给人带来麻烦、不快或身心不适，他们自身也是痛苦的承受者，毕竟变态行为本身就是不合理、非传统性和违背标准的。2013年，山东胶州出了一个专门对女士内衣下手的小偷。他把偷回家里的女士内衣内裤当作"战利品"，自己穿，还抚摸、嗅闻，穿着女士内衣内裤，站在镜子前自我欣赏，好不陶醉。在他的衣柜里，藏着近千件女人红色的胸罩和内裤，足以办一场"维密秀"了。

在偷女士内衣的"同行"里，还有比这位胶州小伙更甚的。江苏高邮一位已婚男子因为喜欢穿女士内衣内裤，常常潜入别人家里，偷走性感的内衣，他还会顺手牵羊，拿走别人家里比较值钱的化妆品、金器，化妆品他回家送给老婆，女士内衣裤则留给自己，他躲在车库里自己穿，并拍照片发到网上跟人炫耀。为了顺利入室盗窃，他还自学了开锁技术，随着手艺成熟，他开始在高邮市内的辖区流窜作案，直到落入法网。

在变态心理中，这两位男士的行为是恋物癖，属于性心理障碍的一种。恋物癖中男性居多，患者通过接触异性穿戴和使用的服装、饰品来唤起性的兴奋，获得性的满足。由于恋物癖会引发患者不惜用偷窃、抢劫等方法去获取异性的物品，比如内衣、丝袜、手帕等，对社会治安有一定影响。

以上说过，定义变态通常有七个方面的因素，那些因素出现越多，表现得越清晰，越能确定一个人是否变态，或者说距离变态有多远。当然，所有因素中，没有哪一个是必需的，因为现实中的患者可能只是在某一个因素上表现突出，并不一定存在能够包含所有元素的案例。

一个心理变态的人，或者说存在心理障碍的人，伴随着痛苦和功能性的损害，个体内部的心理功能紊乱，行为表现上出现不被社会文化期待的行为，比如造成他人恐惧不适的器官暴露。心理上的异常包括认知、情感和行为三个方面，生物学原因也可以作为辅助条件，当然，在正常与不正常、变态与非变态之间，并没有一条泾渭分明的界限。很多心理学研究者认为，心理变态者有其内在的行为逻辑，心理学研究和心理治疗的目的之一便是找到那个看似不合理的行为逻辑。

曾几何时，网络上流传过一套"变态心理学最经典的问题"，号称"如果你的答案和标准答案超过五题一致，那么请直接前往医院就诊，事态紧急，不能耽搁"，都是些什么奇怪的问题呢？举一两个例子说明。

其一，一个男科学家回忆说：他和他的朋友去南极考察，但是他中途得了雪盲症，什么都看不到。所以他们在南极游荡，最后只能生吃企鹅来维持生命。但是他朋友还是没有挺住，最后死了。他一个人继续走了一天，被救了回去。第二天他特意去企鹅店吃企鹅，但是回来后竟然自杀了。为什么？

其二，有母女三人，母亲死了，姐妹俩去参加葬礼。妹妹在葬礼上遇见了一个很有型的男子，并对他一见倾心。回到家后，妹妹把姐姐杀了。为什么？

其三，有一个人在沙漠中，头朝下死了，身边散落着几个行李箱，而这个人手里紧抓着半根火柴。推理这个人是怎么死的？

答案分别是，第一，他吃的是朋友的肉；第二，妹妹想要再见一次那位帅哥；第三，这个人是由于和朋友乘坐热气球旅行经过沙漠，由于燃料不够要求必须减重，扔了行李箱之类的还不够，还要减重，于是就拿火柴抽签，有整根的和半根的，谁抽到半根的就跳下去，主人公十分不幸中标了。

问题与答案的权威性有待进一步证实，但是足以说明定义变态心理的重要元素：不合理、少见的和非传统性。

变态者在中世纪——对变态的早期认识

可以说，人们对正常与不正常的定义随着时代在发生变化。古代被看作理所当然的事情，今日观念之下可能变成了异常；今日被认为是理所当然的事情，在古代可能是奇闻异事或者大逆不道。话说，古希腊时期不乏自称"先知"的人，在现代社会，一切自称具有预见未来能力的人都被看成是精神病人。

史前社会，万物有灵的信仰盘踞人们心头，风水雷电都是神灵的化身，有神灵自然有神灵的对立面——邪恶之神。人们对发疯的人最普遍的解释是，人被邪恶的灵魂侵占肉体，控制行为。中世纪时期，人们对生理疾病的理解尚存在许多误解，可以说，在现代医学出现之前，人类长时间处在蒙昧无知的状态里。从中世纪流传下来的世界名画中，我们可以看到当时的人们是如何对待"异常人群"的。

荷兰怪才画家耶罗尼米斯·博斯在 1475 年画了一幅油画，名为《愚蠢的治疗》，画风诡异，非常讽刺，画中戴着漏斗形帽子的男子正在一名患者头上挖洞，好像要从大脑里取出来什么，另外有一男一女旁观。那个年代，戴漏斗形帽子是江湖骗子的象征，头上顶着书本的妇人则是讽刺她的愚蠢，读书并不能令她摆脱愚昧。这幅画恰好表现了当时社会的一种普遍看法：精神疾病是脑子里长了石头。

1490 年，西班牙浪漫主义画派画家弗朗西斯科·戈雅画了一幅《愚人船》，

"愚人船"是流放贫民、罪犯和精神错乱者的工具，这是一种习俗，当时的人们认为，水可以带走病人，也可以净化病人的灵魂，当他们下了船，就是从另一个世界来的人。戈雅还有另外一幅画叫《疯人院》，疯人院里住着躁狂症病人、抑郁症病人，还有酗酒成瘾者、丧失记忆和理解力的疯子、轻佻呆傻的疯子，在十八世纪，他们通通被赶进医院，戴上锁链，穿上紧身衣，医生为他们放血，让他们服药，以便恢复正常。

囚禁和接受残酷的治疗方式之外，疯人院还把各类病患当作怪物展出，来人可以在窗户外面观察疯子的日常。通过收费展览，疯人院每年有大笔收益，发展到后期，"疯子"们成了演员，他们要在公开场合跳舞，耍杂技，供人娱乐。在法国，大革命发生之前，贵族把参观疯人院的节目表演当作周末消遣，一时成风。

可见，从中世纪到十八世纪末，医生和整个社会都不能分类异常心理，只是笼统地概括为"疯子"，"疯子"则毫无人权，俨然毫无生命的物品，可玩乐可戏谑可虐待。在人们消遣"疯子"的同时，艺术家则开始关注"疯子"们的生存困境。十九世纪，心理异常进入艺术创作范围，画家们开始关注"疯子"的悲伤，文森特·梵·高画出了《绑着绷带的自画像》，他本身便是一位深受精神疾病之苦的疯子。十九世纪末，爱德华·蒙克呐喊出了几个世纪以来不被看见的真相：这世上本不该有疯人院，因为整个世界就是个疯人院。

从中世纪到文艺复兴，精神病患者的处境无一不悲惨，遭到残酷对待不说，有的人还要被烧死、活埋。在教廷统治时期，精神病人被看作异教徒，遭到宗教裁判所的迫害，严刑拷打、烧死、勒死、砍头、活埋，不一而足。其中针对女巫的迫害时间最长，最臭名昭著。迫害女巫自然有教廷迫害异教徒倡导"宗教正义性"的目的，但是很多被诬为"女巫"的女子并不是异教徒，而是精神失常者。

十七世纪，美国发生了一起冤案，史称"塞勒姆女巫审判案"。大概情况是这样的：马萨诸塞州塞勒姆镇一个牧师的女儿伊丽莎白·帕里斯得了一种怪病，她开始放肆地尖叫，痉挛发作，进入精神恍惚的状态，随后，与她交好的七个女孩相继出现了类似的症状。当时的医生找不到病理原因，就认为孩子得怪病是因为那里的黑人女奴蒂图巴和另一个女乞丐，还有一个孤僻的从来不去教堂的老妇人。于是，这三个女子被严刑逼供，随着针对女巫的调查不断深入，更多人卷入其中，所有受到牵连者都是女性，而且她们的行为多多少少影响到当时的社会秩序和习俗。在接二连三的搜查、审判中，先后有二十多人去世，另有两百多人被逮捕或监禁。

"塞勒姆女巫审判案"后的许多年，美国没有再发生类似事件，到1992年，马萨诸塞州议会通过决议，宣布为300年前"塞勒姆女巫审判案"中的所有受害者恢复名誉。从现代医学的角度看，这是"跳舞病"的一种表现，病因是一种寄生于黑麦的真菌"麦角菌"。"塞勒姆女巫审判案"一度是美国的耻辱，也让人们质疑基督教的教义，300年来，美国的心理学家一直在研究这个案例。

异常者一路走来——变态心理学发展

追溯人类对于心理异常的关注，可以从古希腊的希波克拉底说起。希波克拉底出生于小亚细亚科斯岛的一个医生世家，祖父、父亲都是医生，母亲是接生婆。他从小跟随父亲学医，父母去世后，他一边行医，一边四处游历，了解了当时社会上流行的医学方法。

那个年代，医学带有浓重的宗教迷信色彩，医学和巫术的区别不大，治疗的方法多是念咒文、施魔法、祈祷，这种"医学"哪里能救人命，根本是要人命，病人损失钱财，还会送上性命。希波克拉底看到了心理异常的另外原因——体内四种体液的失衡。他把人体内的液体分为血液、黏液、黄胆、黑胆四种，四种体液的不同比例形成了人的不同气质，因此才有人性情急躁、动作迅猛，有人思维活跃、动作灵敏，有人沉默安静、动作迟缓，有人小心谨慎、优柔寡断。现在看来，希波克拉底的"体液说"并不正确，但他把对待疾病的态度从巫术提到医学层面，他提出的气质类型的名称及划分一直沿用至今。

中世纪时期人们对待心理异常者、精神病人的态度和手段，上一节已经说清楚，教廷及各地教会迫害"女巫"，与她们是否心理异常或妖言惑众无关，教会的目的是铲除异己，为了基督教的权威可以永远存立；因此，受害者中除了无法辨别的病人，就是无辜的女性，在民智不开的年代，无辜的女人们无法证明自己的清白，成了时代牺牲品。那些名副其实的女巫则是异教徒，不信奉上帝，也不信奉撒旦的女性们，她们懂得占星术、医学和魔法，因为她们神秘，拥有知识而且不会轻易被蒙骗，遂成了宗教势力大力迫害的对象。

为了让"一线"负责行动的教徒有理论依据，天主教修士兼宗教裁判官的克拉马与司布伦格在 1486 年写了一本有关女巫的书——《女巫之锤》，这本书教导人们如何识别巫术，如何对女巫施行酷刑。这本书出版之前，教会毫无章法，漫不经心地清理异教徒；有了这本书，肆无忌惮的清除开始，从十五世纪到十八世纪，教会一直在使用它。历史上，《女巫之锤》成为一本臭名昭著的作品，是那个遥远的野蛮年代存在的证据。

人们对心理异常者态度发生改变的象征性事件是法国精神病医生菲利普·皮内尔释放了关在疯人院里的病人。他认为病人的异常并非来自魔鬼附体，而是情绪障碍所致，遗传和个体敏感都可能让人发病。个人的努力毕竟有限，他在法国提倡废除对精神病人的约束，直到他去世，这一做法还没有在法国全境推行。后来，他的学生埃斯基洛继承了他的事业，在整个法国的许多地方继续这样的改革。

更为系统的研究则从科学心理学诞生开始。1879 年，德国莱比锡大学教授冯特建立了世界上第一个心理学实验室，他尝试运用科学实验的方法通过精确测量和控制来研究人类的心理与行为。这是心理学发展的关键节点，也是变态心理学发展中的关键一步。冯特之后，他的学生克雷丕林将心理学实验方法运用于异常行为的研究，并建立了实验室。如果说，皮内尔的变革解放了病人，克雷丕林的变革在于将变态心理的研究进入了严格科学的途径。

经过多年潜心研究，克雷丕林成为德国精神病学教授，近代精神医学的奠基人，他对精神医学的贡献，一百多年来无人能出其右。克雷丕林强调神经系统失调是心理异常的关键性问题，他把慢性精神疾病汇总进行了分类，分类里出现了"早发性痴呆（精神分裂症的旧称）""躁狂—抑郁性精神错乱"

等专业术语。

经过观察，克雷丕林发现，一些病人有时候会有癫痫发作，癫痫一发作，精神病症状即消失，他认为，那是因为大脑异常放电导致的，大脑的放电通过脑神经传递到躯体，精神病症状便消失了。后来，人们不惜用人为制造癫痫等方式治疗精神病症，于是有了电休克疗法。在发明之初，电休克被看作是时代创举，大受欢迎，电休克疗法沿用多年后，因为它的剑走偏锋，并不能彻底解决精神问题和电休克手术涉及的道德伦理问题而被逐渐放弃。

当心理学进入精神分析时代，弗洛伊德则把异常心理的外在因素放置一旁，重视患者的内心冲突和动机，深入到前人从未涉及的领域中——人的潜意识里。按照精神分析理论的观点，无意识领域的心理冲突才是心理变态的重要起因，人的内在矛盾冲突或情绪紊乱使得精神疾病发生。作为处在心理深层、包含人的原始冲动和各种本能的潜意识，因为人类风俗、习惯、法律、道德的约束，受到排斥和压抑，但是它没有被消灭，而是以心理冲突和疾病的方式表现出来。

弗洛伊德把性作为人格发展的一个重要因素，从婴幼儿时期到成年期，每一个阶段都伴随着相应的性诉求，比如口腔期、肛门期、性器期，如果性需要没有获得满足，人格发展阶段迟滞，则会出现不同的人格问题。神经症与精神病无不与人格发展固定在某一个性欲水平有关。中国家庭最难解的问题就是婆媳关系问题，按照精神分析的说法，这是俄狄浦斯情结与反相俄狄浦斯情结在作祟，对婆婆和媳妇来说，因为无法摆脱"恨母亲，爱恋父亲"这一压抑的情结，原生家庭中的角色被代入新生家庭，钩心斗角，鸡犬不宁——这是后话。

与精神分析同时代，不同流派的心理学家提出了不同的对异常心理的解释，当然，也伴随一定的治疗方法。在治疗对象上，精神分析理论主要针对神经症，如强迫症、焦虑症、恐怖症和歇斯底里症。用心理分析的方法，如自由联想、解释梦境、解决阻抗和移情等，每个星期进行固定时间的会谈治疗，治疗周期长达两三年；行为主义则惯用放松训练疗法、代币制疗法、厌恶疗法和系统脱敏等。

时间走到二十世纪六十年代，美国兴起了社区精神卫生运动，即精神病人走出精神病院，在社区中维持正常生活。这一运动导致许多硬件设施较差、服务素质不高的精神病院被关闭，大量精神病人从医院回到社区，不再被当作社会特殊群体对待。

这个运动的初衷是好的，但随着法案的施行，不少问题暴露出来，如并非所有社区都有能力接收从精神病院回到普通人当中的病人，社会上对"精神病"的恐惧、憎恶态度也不能像通过一项法案那样短时间内解决，在社区之外，精神病人无家可归、露宿街头、触犯法律的案例增多。

从二十世纪七十年代之后，整个心理学学科快速发展，变态心理学作为医学心理学的一个分支也跟上了时代的潮流，针对异常心理，心理治疗师和精神病医生渐渐从医学模式转入心理学模式、社会文化模式、生物心理模式等，用以人为本的治疗态度处置各类异常心理。

心理学家这样想——经典的心理学流派

精神分析诞生之初，弗洛伊德和布洛伊尔合著的《癔症研究》中记录了一个经典的运用谈话治疗的案例——安娜·O。起初，安娜·O 是布洛伊尔的病人，初见时，她只有 21 岁，因为被各种奇怪的症状困扰着，寻求布洛伊尔的帮助。那一年是 1880 年。

安娜·O 都有哪些症状表现呢？说来话长。安娜·O 的症状首次出现在亲爱的父亲患病之后的一个月，一开始，她身体虚弱、贫血、厌食、咳嗽，每到下午便疲惫不堪，傍晚时分进入类似睡眠状态，而后则表现得高度兴奋。后来，她开始出现内斜视且卧床不起，由于一系列的机能紊乱，安娜·O 开始了长达四个月的卧床期。

安娜·O 是精神分析发展历史上第一个被记录的病例，相应地，由于那个时代神经科医生对精神障碍的了解有限，只有一些助眠药物和法国夏可的催眠术能用于治疗实践。布洛伊尔在对待安娜·O 时，除了以上的治疗方法，他运用了谈话的方法，以耐心观察、翔实记录、催眠宣泄的方法治疗，开创了治疗癔症的新方法。

当然，谈话疗法被运用之初——布洛伊尔称其为"谈疗法"（Talking Cure）或者"清扫烟囱"，治疗效果有限，安娜·O 断断续续地接受治疗，她的症状时好时坏，并没有彻底治愈，对于她的病因，布洛伊尔也没有寻得正解。在症状集中爆发的高峰期，安娜·O 一天之内只有短暂的时间可以保持正常，其他时间里，她不是表现出身体痉挛，就是陷入困顿状态。在痉挛发作的同时，安娜·O 的言语功能也出现问题，她变得不能说话，她本人表现出表达的欲望，语言能力却受到了抑制。

卧床四个月后，安娜·O 的身体逐渐恢复，左侧肢体力量恢复，言语抑制消失，斜视也消失了。而后，安娜·O 长期卧床的父亲去世，她的症状变得更为强烈，曾经陷入深度昏迷的状态，清醒过来后，她不能识别探访者，认不出她的治疗师布洛伊尔，可是，她却捂着疼痛的肚子，说出了"我要生出布洛伊尔的孩子了"这样的话。如果布洛伊尔消失几天，安娜·O 的状况会变得糟糕，表现为拒绝进食、焦虑难耐、在幻觉中见到死人、骷髅等可怕的形象。接受催眠治疗之前，安娜·O 白天困顿失神，下午睡觉，晚上神经兴奋，经过催眠治疗，她的这种异于常人的生物节律被催眠状态取代，身体上的痛苦也随着进入催眠状态而消失。

综合安娜·O 的生活状态反思这个病例，今日的精神分析者很容易找到她的病因。其一，单调的家庭生活让她常以幻想作为情绪发泄的渠道，构成她出现人格分离的心理基础，这种分离可能是正常范围的，不属于病态；长久照顾卧病在床的父亲，她的生物节律呈现出陪护护士的习惯，夜里紧张兴奋，下午困顿休息，并且表现出癔症的症状。

从历史资料中可以看到，安娜·O 的真实名字是伯莎·帕彭海姆，当布洛伊尔结束对她的治疗时，她的癔症并没有彻底治愈，因为在长久的谈话治疗中，病人对治疗师产生了移情——这是弗洛伊德的看法，布洛伊尔为了自身清白，回避了这个问题，草草结束了治疗，直到十年后，布洛伊尔才在弗洛伊德的劝说下把他的一些想法写入了二人合著的《癔症研究》当中。

纵观精神分析理论和治疗方法的发展，安娜·O 的案例是里程碑，同时是沧海一粟。在整个心理学发展中，人们对异常心理的研究岂能止步于此。

与弗洛伊德提出人的正常与否取决于无意识过程的同时，行为主义理论反驳了人的无意识冲突决定行为，相反地，行为主义者更看重强化、惩罚和环境因素对人的行为（正常的或异常的）的影响。

拿嗜赌行为来说，部分奖励就能强化赌博行为，即使是一百次输中的一次赢，也会刺激赌徒继续赌博下去。拿弹子球来说，二战之后，弹子球游戏一度成为日本成年人最受欢迎的娱乐项目。直到今日，日本的车站、商业街等人潮聚集的地方，依然可以看到专心致志打弹子球的上班族们。弹子球机是一个长方形的机器，里面有很多小洞，小洞周围设有障碍物，玩家通过操作手柄，设法将弹珠射入小洞，如果射中了关键部位，机器会吐出大量钢珠，这些钢珠可以用来兑换烟酒、玩具、蔬菜、大米等。

弹子球游戏具有赌博的性质，这也是成年人沉迷其中的原因之一。人因为受到短暂的奖励而不断沉迷其中，失去的远比得到的多，却始终不能明白小小弹子球不过是行为强化的一种，如村上春树在《1973年的弹子球》中所说，"……除了换成数值的自尊心，从弹子球机中你几乎一无所得，而失去的却不可胜数"。

话说回来，世界本是一个充满各种强化物的空间，人混迹其中，不得不选择被这种或者那种刺激强化。在经典条件反射、操作性条件反射之外，人因其具有主观能动性，所以能从模仿、观察中学习。一个小孩子因为曾经掉入水塘险些淹死，从此对水塘心生恐惧，每次靠近类似水塘的地方，如泳池、浴缸就会生出焦虑感。其实人还有从他人经验中观察学习的能力，如掉入水塘的是朋友或者兄弟姐妹，一样能够学习到水塘是危险的地方。

同样的道理，人的异常行为也可以从条件反射和观察模仿中学习到。生活在贫民窟的青少年更容易表现出问题行为，而在中产阶级社区长大的孩子偏离社会主流成长轨迹的概率相对小一些。当然，行为主义过度强调外界环境的影响，忽略了人的人格因素，因而备受人本主义者诟病，当一个人表现出粗鲁、暴力行为时，我们可以把它归因于环境因素（社会环境、家庭环境），也可以归因于人格因素。

当心理学家们逐渐从关注个体转移到关注生活在社会环境下的个体，将个体作为大环境的一个单元，异常行为的研究也开始从个人的潜意识和成长环境，逐渐涵盖到个人的婚姻、原生家庭、邻居、社区、阶层和社会文化。这是一种社会学的方法，社会学理论将人际关系、家庭动力和社会大气候作为三个重要的考察标准。人的心理障碍起源于与早期看护者之间相处的经验，类似于弗洛伊德强调的人生早期经验，但是社会学派不强调性、无意识等。家庭结构是一个小型社会结构，一个人的自我概念开始于童年时期与家人相处的经验，一生之中，我们对任何一个他人做出的反应，信任或者不信任，自信还是自卑，亲密或者孤独，往往反映出在家庭成员之间相处的模式。

第二章

术业有专攻——评估、诊断与研究

谁是变态谁不是？——评估三要素

2016 年 11 月，一位居住在台南的男子和他的同居伴侣带着四个孩子从台南一路到了屏东，遇到警察后，说他们正在被人追杀。经过询问，男子一家因为车子汽油耗尽，放弃车子乘坐出租车继续"逃难"，结果因为身无分文被出租车司机送到了警察局。面对警察的质疑，男子依然坚持认为有人正在追杀他们一家人，这也是他一路把家人从台南带到屏东的主要原因。

交谈中，警察发现口口声声说自己"被人追杀"的男子可能患有"被害妄想症"，而家里的四个孩子因为多日跟着大人奔波，不但没有进食，也没有洗澡，最后还是警察自掏腰包买的面包和矿泉水，让四个孩子暂时填饱了肚子。最终，男子一家人在警察和社会福利机构的帮助下回到家中。

话说，这位帮忙的热心警察品行值得称赞，不过，他单凭男子声称被人追杀就判断其患有"被害妄想症"，不免太过武断了。毕竟，作为精神疾病的一种，被害妄想症的诊断需要严格的步骤。另一位与这位台南男子类似情况的中年男人，且叫他李二吧，李二也表现出被害妄想的征兆，自从他生意失败、公司清盘后，他回了老家，住在父母家中。在父母家中住了三个月，他成了"大家闺秀"，大门不出二门不迈，偶尔看看报纸和电视，其他时间便是躺着睡觉。

一个深秋的夜晚，他跟老母亲说，"对面单元有一束光，一到晚上就开始照我的房间"，老太太给他解释说，那不过是路灯的光，他却不肯相信。

后来，他开始疑神疑鬼地审视小区里的邻居，别人拿着电话跟他打招呼，他就怀疑对方要给他录音、录像，又过了些天，他开始跟老母亲说，"我已经被通缉了，公安部门正在派人抓我，赶快把门锁起来"。而那些在公园里主动跟他打招呼的亲戚朋友，都被他看作警察的卧底。

李二被家人送到医院时，医生首先给他进行了一系列的大脑扫描和血液化验，以确定症状的原因，医生通过与他的交谈，发现他有妄想症状，坚信自己正在遭受迫害，迫害的手段包括跟踪、监视、监听，根据李二家人的说法，这些都是不曾存在的事情。李二被收治入院，医生给他开出了药物处方，并且开始对他进行心理治疗。

面对一个人，成年人或者儿童、少年，判断其正常或异常，健康或者病态，哪里是一个身穿白大褂的专业人士就可以随意断言。任何一种疾病的评估与诊断都需要一定的程序和科学研究作为依据，心理学疾病也是如此。

在面对面的交谈中，心理医生或者精神科医生需要从一个又一个问题中找到病人的症状和病史信息。病人有哪些症状，症状的严重程度，是慢性还是急性的，什么时候开始，对身体机能有哪些影响……这是对于一般症状的判断，此外还要探寻病人的自我概念，近期生活事件，心理障碍病史和心理障碍家族病史等等。在考虑致病因素时，不仅要考虑生理与神经生理因素，还要考虑社会文化因素。

许多看心理医生或精神科医生的病人及家属不能理解，为何在病症确诊之前一定要体检，更有甚者觉得可有可无的体检不过是医疗机构增加收入、坑害患者的手段而已。其实体检并不是可有可无的存在，对病人进行体检向来很重要，体检结果可以确定心理症状的发生是否与生理疾病有关系。

在抑郁症诊断中，需要确定一点即抑郁症状是否由甲状腺机能失调引起。生长在脖子两侧的甲状腺是接受脑垂体控制的腺体，他的功能是调节细胞的新陈代谢，促进人体生长发育，如果甲状腺功能失调，即甲状腺激素分泌过多或者过少，人的情绪也会随之发生变化，表现为轻度抑郁和焦虑等精神疾病的症状。

甲状腺机能失调，症状表现为表情呆滞、反应迟钝、皮肤干燥、粗糙、脱皮屑、精神不振、贪睡、记忆力下降，这些类似抑郁症的表现，凭借观察、会谈并不能判断，所以需要通过生物监测判断是否存在身体疾病。拿甲状腺机能失调与抑郁症来说，如果类似抑郁症的症状不是由心理因素导致，而是生理因素导致，治疗时只要针对甲状腺机能失调采取治疗就可以，不需要额外增加抗抑郁的药物。

体检之外，还要询问病人是否正在服药，停药后的副作用也会表现出令人难以承受的心理症状。排除了生理因素、心理因素的影响，针对认知机能、智能的评估就要排上日程，之后才是社会文化因素。看起来诊断像一个打怪过关、层层排除的通关程序，实际上的确如此。心理疾病、精神疾病本来就是复杂的、难解的病症，怎么追求效率、一眼定乾坤？

和生理神经因素相比，社会文化因素要更宽泛、更复杂一些。个人的社会资源与社会文化背景与病症的评估诊断息息相关。一个人在什么样的文化下成长，拥有什么样的受教育程度，身边是否有支持性的家人和朋友，是否在生活、工作方面遭遇挫折……在移民国家如美国，多文化、多种族的人群混居在一起，社会文化因素更需要格外注意。

近年来，外出留学的中国留学生的在外生活状态引起国人关注，校园霸凌也好，遭遇枪杀也好，反映出中国留学生在海外生活的侧面，在新闻头条关注不到的地方，留学生的心理状态更值得关注。据调查，中国在美留学生生活满意度普遍较低，除了上课，很难结交到外国朋友，有语言问题，也有性格的原因，此外，留学生身心不适、迷茫、疲惫多见，许多人面带笑容，内心痛苦不与他人说。

对于以其他方式移民他国的居民，如从叙利亚逃难到德国的难民，他们不仅要面对警察的逮捕、盗贼的侵扰，还要面对就业歧视、种族主义暴力和前途未卜的人生道路，尽管受过高等教育的叙利亚移民和难民为德国创造着经济收益，移民或难民却需要面对巨大的心理落差，如原本在叙利亚做医生的难民，到了异国他乡只能做洗碗工、车间工人、街道清洁工等社会地位低、收入少的工作，这些人如果出现心理障碍，首先要考虑的便是社会文化因素。

2015 年，一位来自加拿大的心理医生发表了他的研究报告，他认为，来自战乱地区和难民营的难民在精神健康领域面临巨大风险，由于军事冲突、流离失所、家庭分离等因素，难民们往往容易出现抑郁症和药物滥用等问题。同样在 2015 年，《分子精神病学》杂志上刊登的一篇文章也表示了对难民的心理创伤的关注，从叙利亚、伊拉克和厄立特里亚等地到达德国的难民在经历死亡或面临过死亡的威胁，很容易患上创伤后应激障碍（PTSD）和严重抑郁症。

唠十块钱心理嗑儿——临床面谈

2000 年，赵本山和宋丹丹在央视春晚表演了一个小品《钟点工》，讲一个农村来的大叔，被儿子接到城市生活，因为不适应城市的生活方式而整日闷闷不乐，大叔的儿子给他请了一个做心理服务的钟点工，希望帮他走出心理障碍，结果两人因为误会闹出了一连串笑话。小品里，宋丹丹扮演的 "赛考类计斯特"（Psychologist）要离开时，因为找不出十块钱零钱，二人商量着 "再唠十块钱的"，"唠十块钱的" 这话一度成为年度流行语，也成为心理医生与病人接触时的戏谑开场。

小品是小品，观众笑过之后，不会想着找一位四个加号的 "赛考类计斯特" 咨询心理异常。所谓闻道有先后，术业有专攻，心理异常的本质探寻和病症评估需要专业人士，毕竟很少有心理障碍是由某个单独元素造成的，各种生活事件和生理、心理条件诱发了异常心理的出现。在评估异常时，治疗师会采用多种方法搜集资料，如临床面谈法、心理测验法、调查表进行调查和直接观察行为。

在对异常心理、异常行为作出判断之前，搜集信息十分必要。在信息搜集完善的情况下，得出来的评估更具有准确性。临床上，心理医生、精神科医生可以用多种方法搜集信息，方法之一便是临床面谈。病人和治疗师第一次见面，便获得许多信息，做评估诊断时，大部分信息都是在第一次面谈时搜集到的。

面谈时，开放式提问会帮助获得更多更丰富的信息。比如："愿意跟我说说你的情况吗？""有什么问题我可以帮忙？"切忌提问"是不是""能不能"之类的封闭性问题，那样会限制面谈的话题，也会让谈话变成质询，影响面谈的效果。在言语信息之外，身体语言带来的信息不可忽视，如眼神的闪躲，不停抖动的双腿、绞在一起的手指……治疗师只要注意观察，便能获得比言语信息更丰富的诊断信息。

除了与病患接触，从家庭成员那里了解家庭病史或其他角度的信息不失为辅助评估的方法。如果病患是儿童或青少年，他们不能良好地表达内心感受和身体感觉，话语缺乏逻辑性，概括模糊，父母提供的信息便非常重要。即便是成年人，在遭受重大心理伤害后也可能无法准确评估内心感受，或者过于消沉、焦虑，无法与治疗师顺畅交谈，这时候也需要家人、亲友的协助。

面谈虽然是直接有效的评估方法，但保不齐有灵药不灵的时候。面谈的有效建立在病人积极配合的前提下，不管是结构化的面谈还是非结构化的面谈，如果治疗师提三个问题，对方一个问题都不愿意回答，面谈进行不下去，就更谈不上下一步的评估和治疗了。

例如这样的一个案例：

李妈妈带着女儿小静去看心理医生。据李妈妈说，小静一个多月以来总是肚子疼，一去学校就肚子疼，可到家疼痛立刻消失。李妈妈带小静去医院检查，胃镜、肠镜、妇科检查等做了一个遍，却没有查出任何病灶。小静的班主任跟李妈妈建议说，如果查不到身体异常，不妨去看看心理医生，心理原因也会导致疼痛，而且是临床检查查不出原因的疼痛。

到了心理科，李妈妈准备把小静的情况一五一十地介绍给医生，不想刚说了两句就被医生请出去，留下小静和医生单独谈话。

医生请小静坐下，问小静道："你现在肚子疼吗？"

"不疼了。"

"那你都什么时候会肚子疼呢？可以大概讲一下吗？"

"我也不知道什么时候，说疼就疼，说不疼就不疼。"

"那最近一次疼痛是什么时候？"

"最近一次？我不记得了——哦，早上出门的时候，肚子一直疼来着，不过刚才去了一次卫生间，拉了一泡屎，现在不疼了。"

……

因为小静的"不配合"，医生在一个小时里只听她东拉西扯，搜集到的信息非常有限。她的表达非常奇怪，一度让人怀疑她妈妈口中的危急情况不过是她装的。和李妈妈碰头时，医生表达了心中疑惑，结果李妈妈说："我女儿绝对不是装的，一开始她在课堂上喊肚子疼，我也以为是装的，我骂过她，叫她不要一去学校就喊肚子疼，骂过之后，她还是捂着肚子，很痛苦的样子，有时候，她不止肚子疼，还会有头晕、呕吐，看起来像胃肠感冒的症状，但是一到医院检查，又什么都查不出来。"李妈妈憋在肚子里的一番话，终于在临行前一吐为快。

而后，医生又从李妈妈那里获知，小静自从从公立中学转入寄宿中学后，便断断续续地闹了几次肚子疼，新学期开始以来，她的肚子疼越来越严重，有时候，上课中途就要去卫生间，疼痛严重的时候，捂着肚子在教室里乱叫，吓坏了同学，急坏了老师。

心理医生大概了解了情况后，在第二次面谈时放弃了关注小静的身体状况，而是跟她谈起学校生活。虽然小静还是不愿意主动聊她的生活，医生也收集到了足够的信息，足以判断小静的病状。小静的肚子疼实则是厌学导致的躯体障碍，是处在青春期的中学生常见的心理行为疾病。

心理治疗也好，心理咨询也好，第一次面谈都非常关键。第一次面谈不仅用来搜集信息、尽快对病患的症状做出诊断，还是未来整个治疗过程的开始。唠十块钱的心理嗑，如果来访病患觉得轻松自在，一定是治疗师尝试建立良好伙伴关系的努力起了作用。带着问题进入心理诊室的来访者，往往有这样那样的担忧，这个治疗师值得信赖吗？如果我说出一切，他／她是否有能力帮助我？带着警惕心的来访者甚至会把一切往坏处想，比如治疗师是不是一个坏人？我会被迫做一些我不喜欢的事情吗？

这一切顾虑往往需要治疗师来打消。比如，在最开始的交谈中适当表达想要与来访者建立合作关系的意图，在表达合作关系之外，为来访者提供支持与安慰，消除对方的不自在和不安全感。这个过程，其实就是资方关系／医患关系建立的起步，好的开始是成功的一半，这话听起来虽然烂俗，实则是实话。

如果不是阻抗特别强烈的情况，第一次面谈结束，治疗师搜集到的信息便可以总结来访者的症状，判断这些症状是否符合某种心理障碍。当然，仅仅是你来我往的交谈并不足以全面地评估一个人，本着谨慎小心考虑完全的态度，结合行为评估、心理测验和脑神经科学的检查报告，综合起来进行评估、诊断，结果更可信赖，自然也是对病患的最高负责。

言谈举止深探——行为观察

结婚五个月就生了孩子，琳琳的婚姻生活一下子变得非常规律，也非常忙乱。好不容易把孩子带大了，一成不变的生活宛如死水，她每天的行程就是上班下班，吃饭睡觉。每天下班回家，她和老公、儿子就剩下固定的两件事：吃饭，睡觉。睡觉之前，一家三口看看电视，聊聊天，到了上床时间洗漱睡觉，像设定了程序的机器人，一板一眼，丝毫不差。

也不能说丝毫不差，偶尔也有出插曲的时候，有一天，三个人坐在一起看电影，琳琳没有提前看电影介绍，不知道暴力血腥程度，突然到了一个血腥镜头，画面给了一根断指的特写，琳琳吓了一跳，连忙用手捂住了她儿子的眼睛。琳琳有些生气，冲她老公吼道："跟你说多少遍你都没有记性吗？看电影之前看一下简介，不知道这些乱七八糟的镜头会吓到儿子吗？"

"我忘了嘛。"

听孩儿他爹云淡风轻地来一句"忘了"，琳琳火气更大了，提高嗓门道："那么容易忘，你长脑子干什么的？我看你是心里只有自己，从来不想着我，也不想着你儿子，忘了忘了……"

"不想看你别看，还跟这儿没完没了了——看你，把孩子都吓哭了。"

方才电视上那短暂的血腥画面没有吓到孩子，反而是琳琳的两句大声呵斥把孩子吓哭了，琳琳见宝贝儿子缩在沙发上，小嘴儿瘪了瘪，眼泪吧嗒吧嗒地掉下来。琳琳连忙抱起儿子，回房间睡觉去了。

事后，琳琳把这件事跟她的好闺蜜杨杨复述了一遍，自从琳琳生了孩子之后，二人的闺蜜聚会就变成了吐槽老公大会。不过，向来理性的杨杨一定不会跟她一起抱怨，而是跟她分析起来。

"听你说这些，感觉你对孩子他爸早有抱怨，不只是看个电影那么简单吧。"

"哪只是看电影，我对他不满的地方多了，早知道他结婚之后这副模样，我说什么都会嫁给他的。"

"不至于吧，多大点事儿，把根基都否掉了？"

"至少不应该那么早生孩子，像你这样多好，玩够了再要孩子，像我多惨，完全被孩子拴住了，我累死累活变成黄脸婆，那个没良心的爹也不会心疼……"说着，又是一道抱怨。

每一对夫妻都有各自的相处模式，也有独特的争吵模式。如果要给琳琳与她老公的吵架总结一个模式，恐怕没有比"循环抱怨"更贴切的了。琳琳喜欢抱怨她老公的各种不是，每一次吵架便把之前受过的各种委屈通通拿出来说，她老公则永远一副不耐烦的口气，不回应，也不安慰，只拖到她一腔丧气和怨气，战争中止。

几乎每一对寻求婚姻治疗的夫妻都会在短暂的交流中暴露出彼此之间的相处问题，如果让他们就一个存在分歧的问题讨论一番，如家务问题、育儿问题，无异于挑起另一场牵扯到前尘往事的战争。对治疗师来说，观察一对夫妻的争吵很尴尬，亦没什么乐趣，但是却能最快找到他们之间的问题——相处的问题。在评估来访者问题时，这种方法作行为观察。

比如说，有的夫妻意见不合时会互相指责，公说公有理，婆说婆有理，互不妥协，直到两败俱伤；有的夫妻则是一方滔滔不绝地指责对方，用命令、斥责的口吻，另一方则如闷葫芦一般，一声不吭，将所有负能量照单全收……

夫妻之间的相处模式往往无法通过两方的自述获知，如同罗生门一般，人总是会无意识地选择对自己有利的内容进行表达，自动屏蔽掉自己的过错和过分，因此，评估夫妻之间的婚姻问题，行为观察不失为一个优选的方法。

儿童的行为问题也可通过行为观察获知。早在二十世纪六十年代，斯坦福大学的心理学家沃尔特·米歇尔主持过著名的"棉花糖实验"，这是一个关于行为观察的实验，主题是儿童自控力的探寻，并不涉及儿童的异常心理或行为。

实验者在斯坦福大学的幼儿园寻找了三十二个孩子，年龄分别从 3 岁到 5 岁不等。这些孩子的出生和生长环境类似，因为他们都是斯坦福大学的教师或研究生的孩子，也就是说，他们在智商、社会阶层、家庭收入等因素上差异性较小。

实验开始，每一个孩子面前都放了一块棉花糖，孩子们被告知，他们可以马上吃掉眼前这块棉花糖，也可以等一会儿再吃。如果等一会儿再吃，他们会得到第二块棉花糖。结果，有些孩子马上吃惊掉了棉花糖，有些孩子勉强坚持了一会儿，也吃掉了棉花糖，但是也有一些孩子等待了足够长的时间，顺利地得到了第二块棉花糖。

这个实验的初衷是研究孩子在什么年龄会发展出自控力，先后有六百名儿童参与了实验。但是实验者对这群孩子进行了跟踪调查，十八年后，那些等待时间更长的孩子在学业成绩上比那些等待时间较短的孩子更优秀，不仅是学业方面，在生活的各个方面，更善于等待（自控力）的孩子表现出许多优势，比如社交能力更强、语言表达流畅、更成熟、更能够抵制不良诱惑等等。

在评估儿童的问题行为时，治疗师也会选择行为观察的方法。比如，一个被父母认为具有攻击倾向的孩子，治疗师会观察他与同伴互动的模式，观察他在何种情况下会表现出攻击行为。他的攻击行为表现为言语方面的威胁、辱骂、嘲弄，还是对同伴身体的伤害。这种观察可以帮助治疗师确定儿童攻击性行为的性质以及后续的治疗方法。

儿童心理学家班杜拉从他著名的攻击行为实验中得出结论，儿童的攻击行为是观察模仿而来的。如果儿童遭受过父母虐待，或者父母之间在相处时存在攻击行为，他们也会在无意识中习得攻击行为。当他在学校里或其他场合遇到类似的场景时，他会选择攻击行为作为首选的应对方式。另外，父母不当的教育方式也会导致儿童攻击行为的出现，如爸爸告知儿子说："如果有人打你，你一定要打回去，千万不要客气。"原本是家长用来教会孩子自我保护的态度，很可能会滋长孩子的攻击行为。

治疗师从行为观察里获得评估信息，但是治疗师花费大量时间观察来访者的行为，往往费时又费力，为此，有人想到了另一个行为观察的方法——自我监控。即由来访者负责观察、记录自己的行为，如对烟草成瘾、酒精成瘾的病人，要求他们记录下自己的吸烟冲动、饮酒冲动，在什么时间、场合下容易出现冲动以及冲动的强烈程度，这些会成为成瘾行为的评估依据。但是，任何一种评估方法都不是完美的，自我监控主观性太强，无法客观记录来访者的内心想法，如果出现对自己不利的信息和行为，来访者会自行抹掉，从而影响评估与诊断。

异常与否测出来——心理测验

情绪低落，沮丧，斗志寥寥，遇到开心的事儿也开心不起来……遇到朋友，见一副忧郁状态，难免被调侃道："哥们儿，今儿抑郁了？"想知道自己是否真的抑郁，又不想去医院挂号求助心理医生，那么怎么办呢？《贝克抑郁自评量表》（Beck depression rating scale）或许可以帮上忙。

《贝克抑郁自评量表》是美国心理学家贝克设计的，量表编制于二十世纪六十年代，后来被广泛运用于临床流行病学调查。《贝克抑郁自评量表》包含21组，共84个问题。与其说问题，不如说是对自身感觉的描述。测试者可以根据自己在一个星期内的身体感觉和心理感觉选择适合自己的情况。每一句描述跟随着一定数量的评分，做完21组题目，计算总分，便可以知道自己的"抑郁"是不是抑郁症的那个"抑郁"以及抑郁程度如何。

下面我们抽取《贝克抑郁自评量表》中的几个描述，近距离感受一下这张量表。

1.

A. 我不感到悲伤。

B. 我感到悲伤。

C. 我始终悲伤，不能自制。

D. 我太悲伤或不愉快，不堪忍受。

2.

A. 我对将来并不失望。

B. 对未来我感到心灰意冷。

C. 我感到前景黯淡。

D. 我觉得将来毫无希望，无法改善。

3.

A. 我没有感到失败。

B. 我觉得比一般人失败要多些。

C. 回首往事，我能看到的是很多次失败。

D. 我觉得我是一个完全失败的人。

4.

A. 我从各种事件中得到很多满足。

B. 我不能从各种事件中感受到乐趣。

C. 我不能从各种事件中得到真正的满足。

D. 我对一切事情不满意或感到枯燥无味。

5.

A. 我不感到有罪过。

B. 我在相当的时间里感到有罪过。

C. 我在大部分时间里觉得有罪。

D. 我在任何时候都觉得有罪。

6.

A. 我没有觉得受到惩罚。

B. 我觉得可能会受到惩罚。

C. 我预料将受到惩罚。

D. 我觉得正受到惩罚。

7.

A. 我对自己并不失望。

B. 我对自己感到失望。

C. 我讨厌自己。

D. 我恨自己。

8.

A. 我觉得并不比其他人更不好。

B. 我要批判自己的弱点和错误。

C. 我在所有的时间里都责备自己的错误。

D. 我责备自己把所有的事情都弄坏了。

9.

A. 我没有任何想弄死自己的想法。

B. 我有自杀想法，但我不会去做。

C. 我想自杀。

D. 如果有机会我就自杀。

10.

A. 我哭泣与往常一样。

B. 我比往常哭得多。

C. 我现在一直要哭。

D. 我过去能哭，但现在要哭也哭不出来。

……

贝克抑郁自评量表只能说明是否抑郁以及严重程度，但是对于哪种抑郁，是原发性抑郁还是继发性抑郁，量表不能提供诊断，需要在心理医生指导下进一步检查才能确定。

心理测验并非可有可无的评估方法，也不是场场挂帅的穆桂英，非它不可。治疗师根据病患的具体情况选择合适的心理测验。如果怀疑来访者存在智力问题，比如面对学习困难儿童，首先要排除智力障碍带来的学习困难，这时候，智力测验必不可少。常用的测验用表韦克斯勒成人智力修订量表，韦克斯勒儿童智力量表，斯坦福－比奈智力测验等，这些测验对于智力能力、语言能力、空间记忆等很有效。

智力量表的缺陷是不具有普遍性，在不同的文化背景下，智力测验所用的量表会出现因文化差异导致的问题。因此，每个国家的心理测验研究者都在尝试编制适合本国国民的智力测验或者将已经成行的智力量表本土化。

评价人的思维、情感和行为时，可以选择用人格量表，临床上使用最广泛的就是明尼苏达多项人格量表（Minnesota Multiphasic Personality Inventory，简称MMPI），这套量表中包含了与道德、社会态度、行为、心理状态和身体状况的描述，用于测试正常人的人格类型，也可以用于区分正常人和精神疾病患者。

因为涵盖范围比较广泛，MMPI一共有566道题，从1～399题是与临床量表有关的题目，400～566题与另外一些研究量表有关，题目内容从神经系统、心血管系统、消化系统、生殖系统到精神状态、家庭、婚姻、宗教、法律、社会等无一不包。不过，因为MMPI供精神科临床使用，测试时一定要具备相关资质的人员指导才行。

除了这些，罗夏墨迹测验、主题统觉测验等也会成为评估、诊断的辅助工具，前提是，这些测验都要在专业人士指导之下进行。如今互联网发达，有的人投机取巧，不想为心理测验额外破费，更不想经过预约、会谈、测试等烦琐的环节，于是在网络上随便找一些测试问卷，看看自己是不是有人格障碍、精神障碍、抑郁症等，结果本来没什么问题，测试之后反而"无中生有"得了病。

另外，心理测验涉及很多个人隐私，如同心理咨询、心理治疗一样，测验的程序与结果，测试者的个人信息都需要在保密的情况下进行。2017 年 2 月，真人秀节目《我们的挑战》以"精神挑战"做了一期噱头十足的沙盘推演测验。在节目组安排的沙盘测验中，参与节目录制的六位明星，刘烨、阮经天、岳云鹏、沙溢、黄晓明、薛之谦纷纷摆了自己的沙盘，并且由心理医生当场解读。

从沙盘解读带来的收视率来看，观众如探秘明星隐私一般窥到了喜闻乐见的秘密，比如刘烨内心矛盾敏感，年近不惑却在男人与男孩之间摇摆不定；看似风流不羁的阮经天却是一个向往家庭生活的人；每日行程满满的小岳岳内心朴实，是一个恋家、追求平淡生活的人；以"段子手"身份再次走红的歌手薛之谦则有抑郁倾向……

这些看似权威又恰到好处提供娱乐信息的心理解读让观众和粉丝眼前一亮，心中不免感叹，"哦，原来光鲜的背后还有那么多不为人知的内心情感"，可是，心理医生对这些明星进行的心理分析实则已经违背了心理咨询和心理测验的治疗伦理。不可否认，一档真人秀节目的制作强调的是"真"，参与的明星也会配合节目组安排演出"真"的感觉，可是演绎与真实之间，有些底线并不应该逾越。

可以想象，在演员们看似一脸茫然的真实反应下，他们一定是被告知并且提前熟悉一切流程的，尽管结果是明星们为了节目效果曝光了个人隐私——心理测验，即便是沙盘推演的结果也需要保密。在正常程序里，治疗师不仅要为当事人保密，而且不能给他人拆解测验报告，讲解时，只能以一对一的形式对测试结果进行解释。这关乎个人隐私，也是心理测验的伦理底线。

破译神经细胞密码——脑功能成像技术

进了医院，总难免和各种化验、测验打交道，医生在保证万无一失的情况下为患者开具一系列化验项目，患者也形成了习惯：进医院并非和医生打交道，而是和名目繁多的机器打交道。诊断身体疾病时，中医的望闻问切自然不及西医的数据器械来得准确，如今的人们也更信赖科学技术带来的疾病诊断。其实，在诊断心理障碍时，我们也会用到可靠的技术手段来确定一个人是否确实存在心理障碍。

临床实践中，大脑扫描可以用来检测患者是否存在大脑损伤或者脑瘤，化验血液可以检测心理疾病带来的身体疾病，在生物技术高速发展之后，借用生物技术评估、诊断心理障碍的方式变得多样，比如计算机断层扫描（CT），正电子发射断层扫描（PET）和核磁共振成像（MRI）。CT利用的X射线技术，X射线从不同角度扫描大脑，形成一个看起来像大脑切片的图像，多次扫描之后，大脑的立体图像就形成了，从CT片上，可以看出脑结构，也可以看到大脑损伤、脑瘤和脑结构的异常。

科技永远是双刃剑，有利也有弊。比如CT，它的副作用是X射线对人体有伤害，而且CT只能提供大脑的结构图像，而不是活动图像。PET在这方面比CT进步一点，PET可以呈现大脑的活动成像，可以用于研究心理障碍者，也可以对健康者进行扫描，从而找出大脑特定区域的活动性差异。

MRI是比较新的一种大脑扫描技术，和之前两个技术相比，MRI不会对人体有伤害，也不需要向人体注射放射性同位素，因此可以反复使用。而且，MRI 提供的图像更清晰，可以对大脑的任意位置提供成像，提供大脑的活动图像和功能图像。与 MRI 容易混淆的是 fMRI，即功能性磁共振成像。二者都是脑功能成像，MRI 提供的是结构性成像，主要扫描大脑灰质、白质、和脑脊液的形态结构，从而判断大脑是否存在病变或损伤。fMRI 是功能成像，基于功能的，当病变的地方在功能上发生了变化，但是没有形成形态上的变化，或者变化微妙，很难观察，这些变化可以通过 fMRI 看得到。fMRI 还可以实时跟踪信号的改变，分辨率以秒计算。比如在几秒之内发生了思维活动，fMRI 可以捕捉到信号的变化。

fMRI 的技术在于血氧水平依赖效应，即神经活动兴奋水平增加时，局部脑组织血流、血流容积和血氧消耗量增加，但是增加的比例不同，这种差异导致脑激活功能区的静脉血氧浓度升高，这一区域的磁共振信号就会强于其他非活动区域。当然，这一技术的应用耗费不小，接受测验者不仅要进入幽闭的环境中，还要忍受强大的噪音，更要承担不菲的检查费用。

在生物技术高速发展之后，大批脑科学家开始从事脑功能成像的研究，并且尝试将其应用到认知神经科学。如今有了成熟科技的支持，我们看脑科学家、神经科学研究逐渐变成有迹可循的成熟学科，回溯历史，神经科学的每一次进步都是伴随孤立又典型的经典案例进行的，因为有了那么多"最强大脑"，才有了今日人们唾手可得的生物技术。

其中一个经典案例来自美国，时间在 1848 年。在美国的佛蒙特州，一位铁路工人盖奇（Phineas Gage）在施工过程中遭遇爆炸事故，爆炸导致一根铁棍击穿了他的头颅，由左下脸颊直接刺入，穿越左眼后方，再由额头上方头顶处穿出脑壳。幸运的是，在经历高烧、昏迷、脓肿之后，盖奇奇迹般地活了下来。经过医生的悉心照料，不到两个月，盖奇就痊愈了。他的主治医生不敢相信脑子被穿出一个倒置漏斗般的大洞的人竟然能活下来，不由得感慨说是上帝治愈了他。

不过，变化也在悄然发生。事故之前，盖奇是一个 25 岁的年轻人，身高 166 厘米，性格开朗，身手灵活；事故之后，尽管没有大脑功能上的变化，如失聪、失明或者变成弱智，但是盖奇常常无法控制自己，他打架、酗酒，常常与人发生争吵，他无法继续工作，也不能辨别是非，盖奇曾经是一个受欢迎的人，在事故发生后，"他不再是盖奇了"。而后，他失去了原来的工作，在一家出租马车行谋到了一个职位，负责赶马车和管理马匹，十二年后，盖奇死于癫痫发作。盖奇去世几年后，经过盖奇姐姐的同意，医学人士取出了他的头骨，供科学研究使用。如今，盖奇的头骨保存在哈佛大学的医学博物馆。

在盖奇去世之前，他已经成为科学研究的对象了。作为一个被铁棒插入大脑而幸运存活的个体，这件事本身已经足够传奇，当然，人们还想知道盖奇的大脑发生了什么变化，导致他事故前后判若两人的性情。如今的神经科学家很容易解释盖奇的变化，脑外伤损坏了他的前额叶皮层和眶额皮层，这些区域与复杂决策、对奖赏惩罚的敏感、冲动抑制和对事件的理解有关，如果这些区域受损，病人就会像盖奇一样，行事冲动，难以控制自己的情绪。

近年来，来自加州大学洛杉矶分校的神经学家正在主持一项研究，准备重建盖奇的头骨和被铁棍穿过的通道，从而了解这些变化与他脑损坏之间的关系。如果这个项目可以成功，我们将更了解大脑这个器官是如何工作的，甚至可以解释阿尔兹海默病、自闭症、精神分裂症的发生机制。

但是，如何重建一个已经去世一百多年的人的大脑，况且，他的大脑只有头骨保存下来。数字重组可以实现铁棒穿过盖奇大脑的轨迹，但是如何实现大脑功能区，如颞叶、顶叶、边缘系统、脑干、小脑等部分的重建，我们不得而知。可能这个项目会像众多由财团提供大量资金的人类研究工程一样，最终以不了了之收场。

　　不过话说回来，如果在盖奇生活的年代就有了将脑结构与脑功能联系起来的脑功能成像技术，今日人们对盖奇传奇经历的解释至少不会伴随那么多猎奇色彩。脑功能成像有一个技术假定，即脑的功能定位在大脑的神经组织结构上，寻找大脑结构与功能的对应关系。如果能超越结构与功能之间的关系，从中分离出心理过程，从而寻找脑功能区域变化导致的心理变化，这便进入了认知神经科学的领域。

第三章

惶惶不可终日——焦虑障碍

日复一日的紧张——广泛性焦虑

从小到大，应娜一直是一个"紧张型"选手，只要她的依照行程安排的规律生活被打乱一下，她就会变得紧张、焦虑，寝食难安。这种感觉从她读书时期便开始，学生时代，应娜算得上"三好学生"，她能在每一门考试中都表现得很出色，也能在体育比赛里跑个名次，但是没有人知道，她在考试之前经历着怎样的紧张难受，她为了克服上场前的紧张要花多长的时间早早准备。

日常里，应娜不仅担心考试成绩糟糕，她还担心自己不被同学喜欢，担心上课迟到，担心交通事故……和父母住在一起时，应娜以为这一切来自于她那神经质的妈妈和一板一眼冷酷严肃的父亲，没想到，应娜和她老公结婚，独立生活之后，她依然是紧张兮兮的，改不了她"紧张型"选手的本色。

应娜素来有清洁的癖好，只要回到家里，她要做的第一件事就是搞清洁。擦地、清洁浴室、洗衣服、整理衣物，因为她"沉溺"清洁，搞得她老公的口头禅变成了"Relax，relax，放轻松"！因为应娜总是因为一些鸡毛蒜皮的小事变得紧张兮兮，心烦意乱，她和她老公的关系偶尔也会因此变得紧张，应娜发脾气时，如果恰好她老公没有耐心哄她，就会演变成一次激烈的争吵。

有一次，应娜作为家属参加她老公公司举办的年中户外拓展活动，时间紧张，任务繁重，应娜生怕自己表现不好，拖了后腿，紧张得无暇顾及郊外风景，全心投入竞赛项目中。原本是配合的比赛，他们却无法掌握好任务要点，应娜自觉好像梦游一样，来来回回不知道自己在做什么，越是没有头绪，越是着急，她还频繁地想要去卫生间，她老公安慰她几次不见效果，无奈地抱怨道："我真搞不明白，你紧张什么，有什么好紧张的。"

"我着急嘛！万一被人落下了呢。"

"着什么急，有什么好着急的，出门之前不是告诉你了，就当出来散心，郊游，咱们又不是为了拿名次来的。"

……

他们两个你一句，我一句，搞得场面尴尬，不欢而散。好好一场春日郊游，就这样泡汤了。其实，类似这样的事情发生过许多次，应娜老公渐渐地有些麻木，她自己却每况愈下，情况越来越严重。有一个情况，应娜在见心理医生之前，从来没有对别人说过，原来，她有一个改不掉的习惯，就是一紧张就想要小便。

每次遇到外出约会、接待访客、到亲戚家串门，应娜的心情都特别紧张，频繁地去卫生间。一段时间里，她以为自己得了肾炎，或者是尿道有毛病，为此，她背着她老公，偷偷到医院做了检查，但是一切正常，她的身体很健康，没有任何毛病。

因为一紧张就想要小便，应娜的活动范围受到了限制。去到任何一个地方，她会首先找卫生间的位置，之后再去做她想要做的事情。搭长途车的时候，她的紧张往往到达极限，她通常都不会选择周末出远门，一旦堵车，后果不堪设想。有一次，应娜要跟志愿者去山区慰问，担心中途找不到卫生间，她只好穿上了一个纸尿裤，可是一路上走了三个小时，她并没有真的尿出来。

在焦虑障碍中，有一种病症叫广泛性焦虑障碍（Generalized Anxiety Disorder，简称 GAD）。每个人在遇到压力时都会产生焦虑感，但是如果日复一日地焦虑，时间持续六个月或者更长时间，有可能已经进入 GAD 的范围。

GAD 主要表现为持续的紧张和焦虑，而且导致紧张、焦虑的原因并不明显或者根本找不到。心绪不宁、兴奋、紧张不安、容易疲劳、注意力难以集中，心不在焉，容易激动。这种焦虑已经对日常生活，如睡眠、冷静思考造成了干扰，反过来，糟糕的睡眠质量和其他疾病导致更严重的烦躁情绪。GAD 如果持续时间长，程度加重，相应地身体状况随之出现。比如肌肉紧张或疼痛、头痛、恶心或腹泻、颤抖或抽搐。

GAD 的患者不分年龄段，成年人和孩子都会受到焦虑困扰。但是，GAD 一般是逐渐产生的，很多人在童年、青少年时期就出现了焦虑的症状，在性别分布上，女性患者多过男性患者，数量可以达到两倍左右。

关于人为何会患上广泛性心理焦虑，不同流派的主张并不一致。弗洛伊德最早将焦虑分为现实性焦虑、神经性焦虑和道德焦虑。当天气预报说三日内台风登陆，有人陷入焦虑，关于出行，关于工作进度等，这属于现实性焦虑；未婚人士习惯性压抑性冲动的人则容易引发神经性焦虑；而那些因把玩生殖器而受到严厉惩罚的男孩子，在成年后可能因性冲动导致道德性焦虑——这是非常典型的弗洛伊德式的例子。如果这三种焦虑长时间存在，使得人长期处在焦虑状态，便构成了 GAD。

后弗洛伊德时代的心理动力学找到了更多导致广泛性焦虑的原因，比如家庭环境差、父母亲情感淡漠、孩子长期处在低自尊的生活环境中，都可能导致 GAD 的出现。人本主义将 GAD 的由来概括为对他人认可的渴求。为了获得他人的肯定，因此对自己特别苛刻，建立严格的自我标准，必须达到自我标准才能获得他人认可，继而认可自己的价值，因而长时间感到压抑和焦虑。

临床上，诊断 GAD 时不需要经过心理测试，主要是一直没有明确的测试标准。医生和治疗师会听从来访者的叙述，根据诊断标准和来访者的心理状态进行判断。如果诊断为 GAD，一般有心理治疗和药物治疗两个途径，心理治疗主要以认知—行为治疗为主（Cognitive Behavioral Therapy，简称 CBT），也就是谈话疗法，简称"话疗"。

CBT 的关键在于帮助患者面对自己，让患者识别自己的消极想法和行为，继而培养应对的策略。具体操作上，可以用家庭作业、放松疗法（行为主义的技巧）结合起来，当然，如果把 CBT 与药物治疗联系在一起最好。调查显示，在只接受 CBT 和只接受药物治疗的 GAD 患者中，前者的治疗效果优于后者，而且持续时间更长。

除了借助于医生或治疗师的帮助，GAD 患者本身的治疗意识和康复意识很重要。比如在日常生活中养成良好的生活习惯，以减轻神经兴奋程度。少喝咖啡和茶，控制感冒时的药物摄入量，这些药物会导致神经兴奋，加重焦虑状况。生活习惯上，患者要尽量休息充分，食用健康食品，如果能在规律的生活之外增加适量的运动，或者配合瑜伽、冥想等舒缓工作中的紧张，不失为一个镇静神经的好方法。

怕这怕那惊到死——特定恐怖症

就算人不敬神明，心中也有所畏惧。有的人怕猫怕狗怕蜘蛛，有的人怕蛇怕毛毛虫，有的人则怕搭飞机，怕乘坐电梯，怕强光照射……和其他恐怖症如广场恐怖症、社交恐怖症相比，害怕具体事物的特定恐怖症比较容易被人理解，也更符合人们通常对恐惧的认识。

特定恐怖症的患者在遇到令自己害怕的事物，或者置身于产生恐惧的环境时，表现出强烈的焦虑感，严重者会出现惊恐发作。每个人都有一些特别害怕的东西，日常生活中，无法迎头而上，自然要避之不及，比如"葛优躺"的主角葛大爷，他因为不喜欢搭飞机，一辈子很少搭飞机出行，大多数时间是乘车或者坐火车，葛优甚至说过"打死也不坐飞机"这样的话。

葛优不喜欢坐飞机这个话头，可以追溯到 1988 年。据电影《顽主》的导演米家山说，那时候葛优第一次坐飞机，因为没有经验，坐在第一排座位上，因为找不到桌子在哪，空乘发飞机餐时，葛优差点把别人放资料的袋子拉掉。不知道葛优是不是从那次开始和飞机结下了梁子，不过想象那个画面，也是十足窘迫。

之后，葛优的"飞机恐惧症"逐渐为人所知。比如，他参与冯小刚的电影《非诚勿扰》，拍摄地在海南三亚，出于"打死也不坐飞机"的原则，他选择坐火车去三亚，只是不知道那情形，会不会像《让子弹飞》中的师爷坐着火车吃火锅那般畅爽。而后，葛优拍《非成勿扰2》，有一部分在日本北海道拍摄，同样不愿意搭飞机的葛大爷这一次选择了乘船，为此，让一早到达剧组的导演和其他演员等了他一些日子。

从新闻中可以看到，葛优的身影经常出现在火车上。国内的电影节，如金鸡百花电影节，葛优每年都是搭乘火车到举办城市，不管是在宁波、无锡，还是在南宁、银川，葛优一如既往。2005 年，电影《天下无贼》在香港首映，为了出席首映礼，葛优坐了二十五个小时火车才到香港。2006 年的威尼斯电影节，电影《夜宴》在那里展映，由于路途遥远，葛优又不想坐飞机，最后干脆选择不去。有一个笑话说，当年葛优去戛纳参加电影节，一路上倒了二十多趟车才到达目的地。真相与否，只有葛大爷自己知道了。近年来，电影圈的一些典礼、颁奖礼，葛优很少出席，其中一个原因就是他不喜欢坐飞机。如果时间很紧急，必须坐飞机才能到，坐火车无法准时到达，他就会选择不去。

据冯小刚说，葛优有一次去台湾，身边人好说歹说劝他坐飞机，葛优勉强同意，结果那天飞机颠簸得厉害，从此之后，任谁劝他都没有用，葛大爷就是打死不坐飞机。说到葛优不坐飞机的真相，据他自己不同版本的说法，坐火车可以饱览祖国的大好河山，而且，他一般都没什么急事，既然不着急，就没有必要坐飞机，而且，他也没有"飞机恐惧症"那些特征，比如害怕得手心出汗，双手紧紧抓生座位的扶手，或者抓着空姐不放。不管怎么说，葛优一定是有他自己的考虑才决定不与飞机亲密接触的。好在如今高铁发展，葛大爷在国内到处跑至少不用花费漫长时间在路上，也不必因为目的地遥远而频繁倒车了。

其实在各种交通事故中，公路上的交通事故是死亡率最高的，每天有上百人死于公路车祸，据 2015 年的数据，全国每年有超过二十五万人死于交通事故，相比之下，飞机出行虽然看似危险系数高，但是实际上出事的概率远远低于其他交通工具。当然，这些数据并不是"飞机恐惧症"患者人不愿意坐飞机的主要原因。

很多人恐惧飞机，一个原因是不喜欢密封的空间，这种恐惧不只在机舱里，甚至对于电梯、汽车、游乐场的密封设备都会有心理抗拒；另一个原因是不喜欢双脚离开地面，悬在空中的感觉让他心里发慌。"飞机恐惧症"不算是什么确切的病症，只要在坐飞机时感觉心跳加速、呼吸变快、头痛、焦虑不安，做什么都不自在，就可以归类为"飞机恐惧症"，主要是过度紧张造成的。

真正无法在机舱、电梯、隧道、桥梁等场所停留的人，属于特定恐怖症中的情境型，即在进入这些场所时会焦虑、紧张、惊恐发作，情境型恐怖症和广场恐怖症不一样，患者是对特定场景比较敏感，广场型恐怖症则是对拥挤、嘈杂的地方，或者独自一个身处狂野时有恐惧之感。

害怕风暴、雷电、水等自然现象属于自然环境型恐怖症，这种恐惧不会影响正常生活，只有这些自然现象出现事才会表现出强烈的焦虑发作，只要避免与这些自然环境接触，患者的焦虑很快便会缓解。比如有人害怕下雨天打雷闪电，只有在风雨天会感觉痛苦，天气转好症状就消失了，这种情况一般不会被诊断为恐怖症，只有面对以上情景出现严重的惊恐发作、焦虑发作才会被诊断为恐怖症。

另外一种分型是流血－注射－外伤型恐怖症，这类患者不能看到鲜血，也不能见伤口，害怕打针和任何侵入性的治疗过程。其他恐怖症患者在面对恐怖情景时会心率加快，血压升高，伴随其他生理应激反应，流血－注射－外伤型恐怖症患者则恰好相反，他们表现为血压降低，心率降低，严重时会晕倒。

有一种晕血症，也叫"血液恐怖症"即属于这一类恐怖症分类。晕血和怕蛇、怕毛毛虫类似，但是晕血并不是因为胆子小，见不得鲜血淋漓，而是心理问题。晕血的人在见到鲜血（流动的鲜血，不包括大姨妈时的流血）时，精神受到强烈的刺激，寻致神经紧张，大脑缺血，血压降低，含氧不够多的血液进入大脑，就会导致人头晕眼花，甚至昏倒，于是出现暂时性的休克。这种休克是一过性的，属于进化的恐惧反射。

并不是所有晕血的人见血就晕，一般都会有一个渐变的过程，比如见到鲜血后恶心、出冷汗、面色苍白，之后血压降低，突然丧失意识。目前人们并没有找到晕血的真实原因，但是普遍认识心理机制作用更大。比如有人目睹过凶杀、目睹过重大的灾难，再次经历流血时，身体的防御机制就会跳出来发挥作用。晕血并不是"疑难杂症"，更不是"神经症"，晕血的人除了见到血会紧张或晕倒，其他方面与常人无异。

血液恐怖症和其他恐怖症一样，治疗时比较好用的方法就是行为主义的系统脱敏疗法，配合以认知疗法和药物治疗——针对因人而异的不同情况。系统脱敏之前都要经历放松训练的过程，这一过程旨在降低血压，让心跳变慢，值得一提的是，血液恐怖症的表现恰好是血压降低、心跳变慢，于是，在进行放松训练时要反其道而行之，运用技巧使得来访者的血压升高、心跳加快。

系统脱敏的流程则没有什么不同。人们面对令自己恐惧的东西时，第一反应就是逃离。其实，面对恐惧，越是走近它，恐惧感会变得淡漠。血液恐怖症患者可以从血液接触开始，按照清单上列出来的恐怖等级，一点点地接近血液，反复练习，直到可以接触血液为止。系统脱敏法对恐怖症有很高的治愈率，一般在80%~90%左右，而且复发率低。

一句话逼死强迫症——强迫的真相

如果说有什么脆弱得不堪一击的群体，强迫症病人可能要算上一份。很多人喜欢自称强迫症，而且很容易被逼死。比如说，看见马路上的地砖排列不整齐，强迫症要被"逼死"了，巨幅广告的图案不对称，强迫症也要被"逼死"了，甚至于颜色混乱、信息未读、网页信息加载不出来等等，好像轻轻松松便能置强迫症患者于死地。实际上，还要另外一个绝招，叫"一句话逼死强迫症"。

举个例子，"话说从前有个神父，他住的村子里最美的姑娘叫小芳。突然小芳怀孕了，死也不肯说是谁的孩子。村民就暴打她，要将她沉猪笼，小芳哭着说，是神父的。村民一起冲进教堂，神父没有否认，任凭他们打断了自己的双腿。过了二十年，奇迹发生了……"一个故事不讲完，强迫症表示忍不了，一句话说到一半，不讲完，强迫症更忍不了，比如说："事情是这样的，昨天晚上老刘和他儿子聊天，聊到武则天，老刘的儿子突然说……"更具有绝杀功能的句子在这里："把强迫症患者逼疯只需要两个步骤：一、话说到一半就停止！"

当然啦，这些都是关于强迫症的段子，网瘾少年们在社交平台上打趣逗贫，以打发无聊时光。这种被人戏称打一顿就能康复的"强迫症"并不是真正的强迫症，真正的强迫症有着强烈的强迫思维和强迫行为，并且因为无法摆脱头脑中的念头而出现焦虑情绪。强迫症属于焦虑障碍的一种，强迫症患者大多数时间在不断的强迫思维和强迫行动中挣扎，恐怕没有精力去搞什么"一句话逼死强迫症"。

在美剧《生活大爆炸》中，一个"重度强迫症"患者谢尔顿因为他的偏执和刻板，成了朋友圈里十足的"事儿妈"。谢尔顿是一个理论物理学家，智商高达187，少年时表现出过人天分，15岁拿到博士学位，说起来，谢尔顿拥有五个学位，分别是理学学士、理学硕士、文学硕士、哲学博士和理学博士，博学多才的同时，谢尔顿还是一个活在框框里的人。

《生活大爆炸》播出九季以来，谢尔顿的强迫症状表现得淋漓尽致。比如说，他在公寓里必须坐在他的专属位置——沙发的最左面那个位置，那个位置别人不能坐，也不可以对它做出任何改变。穿衣风格方面，谢尔顿将短袖T恤衫套在长袖衫外面，如此搭配，多年来雷打不动。发生变化的只有T恤衫上的图案，从闪电侠、蝙蝠侠、绿灯侠到超人、黑洞、飞天红中侠，甚至有极具中国特色的"紫色电视机测试卡"图案。

日常生活，谢尔顿如行程表一样刻板，规定吃什么、哪天吃一定要按照计划执行，如果中途出现插曲，他便不可控制地陷入抓狂。星期一，谢尔顿的菜谱是泰国菜，星期二吃汉堡，星期三吃奶油土豆汤，去吃饭之前要去漫画店，因为星期三同时是漫画书购买日。星期四吃披萨，每月的第三个星期四是"一切皆有可能的星期四"。星期五是法式吐司日，星期六吃中餐，他喜欢吃川菜馆的中餐，并且从菜单中挑毛病，如"陈皮鸡柳"中为什么没有陈皮。星期六晚上洗衣服。星期日吃三明治，三明治要加火鸡和烤牛肉，全麦上放生菜和芝士。

虽然谢尔顿常常喜欢炫耀智商上的优越感，但是他缺乏幽默感，对朋友讽刺他的话也听不太明白，因为也非常有规律的生活节奏，一旦被人打乱，他必须把原有的习惯完成，才能进行下一项活动。比如说他敲门一定要敲三下——类似重要的事情要说三遍，如果不给他完成的机会，他会极度不安，只有将其完成才能恢复正常。

话说回来，这样的强迫症患者放在电视剧里可笑又有趣，身边人或许讽刺他，挪揄他，但不会讨厌他，还会看到他挑剔背后的小红心。如果放在真实的生活中，除非有如谢尔顿一般坚强如铁的意志力，否则的话，他的生活会变成悲剧，连累身边的人也会变成悲剧。

对于强迫症的起因，多年来没有形成统一的说法。生物学研究认为强迫症来自神经失调，PET 扫描显示，强迫症患者大脑中与攻击、性欲、分泌相关的一个回路比正常人活跃。因此，研究者认为，大脑中调节基本冲动的区域出现功能失调，导致五羟色胺缺乏，由此引发了强迫症。心理动力学自然又要强调无意识的冲动，认知—行为理论则认为，人在忧虑不安时总会产生消极的、干扰式的想法，如果这些干扰性的想法和仪式化行为反复出现，就容易成了强迫。比如说，很多初为人母的妈妈会因为照顾新生儿的劳累和压力产生杀死孩子的想法，有的人只是想想，稍后就忘记了，有的人则被自己竟然生出这样的想法吓到了，惶惶不可终日。

对于强迫症的治疗，研究显示，强迫症不同于其他种类的焦虑障碍，治疗焦虑障碍的药物对强迫症并不起作用，后来，人们发现，影响五羟色胺水平的抗抑郁药物对强迫症有效——实际上，许多心理障碍都与五羟色胺的失调有关。但是药物治疗不能彻底解决强迫症病人的痛苦，从概率上看，药物作用下能够减少的强迫思维和强迫动作只有 40%~50%，如果停药，症状会再次出现，而且伴有药物副作用。

帮助强迫症患者永久告别强迫症的方法是药物治疗的同时进行认知－行为治疗。强迫症的痛苦，不管是强迫思维还是强迫行为，来自针对强迫症状出现的反强迫。比如说，一个人想着他递给助理的材料到底是五十六页还是五十七页，一边想，一边叫自己不再纠结，"多一页少一页，又有什么所谓呢"？如此强迫与反强迫的想法在脑海里交战，停又停不下来，哪有不痛苦的道理？

认知—行为疗法强调，在消除强迫思维、强迫行为之前，首先接受它们。习惯了之后，因而产生的焦虑感也会减轻，渐渐地，患者会发现，即使不进行反强迫，原本的想法和行为也不会导致可怕的后果。让患者逐渐接受、习惯强迫思维、强迫行为的过程可以用系统脱敏和家庭作业的方式进行。比如习惯于反复打扫的人，用家庭作业监督每天的打扫次数，逐一减少。比如，先从原本的一天打扫五次，降低到四次、三次、两次、一次，逐渐改为每两天打扫一次，三天打扫一次，如此下去，让患者循序渐进地适应即使不打扫的家庭环境。经过调查显示，认知－行为治疗对治疗强迫思维和强迫行为效果明显，只是不能彻底消除，个别患者还有完全不适应治疗的情况，尽管如此，这一方法已经是目前治疗最有效、改善效果明显、且改善后症状维持时间长久的方法，至于可以根治强迫症的治疗方法，研究者们还在进一步地探索。

定心安神的困境——神经衰弱

进入高三之前，林朝的睡眠质量一直不错，基本上属于上床躺一会儿就能立刻睡着的类型。高三第一个学期过去后，林朝响应学校号召，跟着同学一起参加了"倒数一百天"的高考动员活动，听别人发言，自己又上台发言一番，他突然意识到高考的紧迫。动员活动上，林朝看起来兴奋欢乐，心里却沉了许多心事。

一番折腾之后，当天晚上，林朝失眠了。这一次失眠看似小事，可怕的是从此之后他的失眠一发不可收拾。每天晚上躺在床上，林朝都会陷入失眠的焦虑恐惧之中，越是担心会失眠，越是睡不着觉。一般情况，林朝十一点半上床睡觉，如果失眠的话，就要辗转反侧折腾一番，数羊的方法，数水饺的方法，心里暗示，背古诗，各种方法尝试了一遍，结果还是要挺到凌晨一点多，两点多，他才在迷迷糊糊中睡着。有一天，林朝在房间里折腾了大半夜，凌晨四点多，天都快亮了，他才迷迷糊糊睡着，醒来时，发现时间已经是上午十点多——他这一觉睡过了学校一上午的课程。

鉴于事态严重，林朝的妈妈赶紧带他去医院检查。医生问了一个大概，说林朝可能是学习压力大，有点神经衰弱，吃点药调理一下就可以。早在中考之前，林朝曾经出现过类似的症状，他连续失眠了一个多月，吃不好睡不好，抵抗力也跟着变差，三天两头地生病，几乎不能上课，好在那次时间比较短，考试结束之后，林朝彻底放飞自我，潇洒地玩了一个暑假，他的失眠彻底好了。

这一次，单从时间上看，情况就不太乐观。

吃了一阵子药，林朝的症状没有好转，看起来更严重了。他不仅入睡困难，而且睡着之后特别容易醒，睡得迷迷糊糊的还一直做梦。由于睡眠不好，白天上课他总是无精打采的，无法集中注意力听课，受了两次老师批评后，自尊心特别强的林朝开始情绪低落，时常感觉烦躁、焦虑，在班级里看谁都不顺眼，朋友和他开玩笑他也会跟人发脾气。

如此恶性循环，林朝觉得自己的生活简直一团糟，一边吃着各种中药、西药，一边拖着沉重的大脑坐在教室里上课，林朝觉得世界末日快要到了。药物治疗的效果并不理想，他的病症时好时坏，反反复复，受困于神经衰弱，使得林朝对马上到来的高考失去了信心，对大学生活也失去了向往。有时候，他坐在四楼的窗台上，他甚至想过，如果他翻过窗户，纵身一跃，一切就会结束，他也解脱了。

神经衰弱是一种大脑神经功能障碍性疾病，属于轻度的精神疾病，是神经官能症中最常见的一种。近年来，临床上已经不再单以"神经衰弱"做诊断，而倾向从焦虑障碍或心境障碍即抑郁症方面做出诊断。神经衰弱的主要表现是睡眠障碍，即夜里难以入睡，睡着了容易醒，醒了之后难再入睡，白天疲劳困倦，心境不佳，由此更加关注自身，表现出焦虑不安。与此同时，焦虑使得"晚上睡不着，白天醒不了"的症状加重，使人长期处在焦躁之中。伴随植物神经功能紊乱，表现为头痛、头昏、胸闷、气短、心悸、多汗、血压波动、肢冷、厌食等。

神经衰弱往往和精神因素关系大，比如压力大、过度疲劳，此外人际关系紧张、自尊心受挫等强烈的精神刺激也会引发不良的情绪体验，从而诱发神经衰弱的发生。研究发现，神经衰弱的患者都有过度劳累的经历，包括身体上的劳累和精神上的劳累，疲劳感让人难以应对外界，如果患者原本就是缺乏自信、过度依赖他人的性格，在困难和挫折面前则更容易自卑，神经衰弱的症状也会随着心理状态的变化变得更为复杂。

像案例中的林朝这般"高三党"，神经衰弱的稳妥处置方法是放弃强度过大、时间太久的学习习惯，劳逸结合地学习，不能以投入时间长短计算学习效果；合理搭配日常饮食，不能太油腻，以清淡为主，一定不要为了打起精神来喝过量咖啡、浓茶和功能饮料；如果条件允许，睡觉之前泡个热水澡，辅助以轻柔的音乐，在音乐中彻底放空自己，不去想与功课有关的事情。

说到音乐，临床上真的有人用音乐疗法治疗神经衰弱。据说，像舒曼的小提琴小夜曲、比才的《卡门》、莫扎特的《催眠曲》、门德尔松的《仲夏夜之梦》等都可以用来陪伴入眠。选择音乐也是一门学问，睡觉前不能选择节奏强烈、情感表达紧张、恐怖、悲戚的音乐，主要以舒缓、轻柔为主，不要超过六十分贝。至于音乐疗法能起到多大作用，要患者亲自尝试才知道。

神经衰弱更常见的治疗方法当然是药物治疗。去看医生，医生首先会选择开安眠类药物，但是许多神经衰弱患者并非像青年学生那样，熬过了考试大关便自行痊愈，一些脑力劳动者，如科研人员、工程师，他们的神经衰弱可能会持续很久，病情反复波动，单单靠安眠类药物治标不治本，因此需要心理学方法介入。

个人诊治当然要针对患者的具体情况，多以认知疗法，根据患者的实际情况、个性特点采用提出问题，共同讨论，启发引导的方法，为了便于跟踪患者病程变化，可以制订跟踪表，把治疗的工作做得更细致。如果是学生患者，尤其处在中考、高考紧要关头的学生党，可以采用集体疏导的方法，把十个人或二十个人集中在一起，讲解相关的知识，彼此交流个人感受，寻找问题的解决方式。集体治疗的好处在于让患者产生归属感，觉得遭遇类似情况的不是一个人，也不是某一个人，而是大多数人都会遭遇的情况，患者了解了起源原因，分享了内心感受，不利因素会消除一些，集体治疗也会帮助患者减轻焦虑和烦恼，打破恶性循环。

配合治疗的同时，患者要按时服药，同时养成有规律的生物时间。比如每天晚上十点，准时躺在床上准备睡觉，即使不能马上睡着，也要躺下去，让身体逐渐适应这样的生物节律，按时睡觉，按时起床，睡觉之前不要玩手机，也不要看书看报。此外，坚持运动，每天适量运动，不可运动过度导致身体劳累，也不可久坐不动，影响精神状态。

如果神经衰弱情况严重——其实案例中的林朝同学已经超越了单纯的焦虑障碍，趋近于抑郁症。比如存在普遍的抑郁，对正常的生活缺乏兴趣，伴有消散不去的沮丧情绪和躯体不适等，治疗师和心理医生要小心判断，一旦表现出抑郁特征，治疗方法和诊治态度都要随之发生变化，万万不可小觑。

当情绪进入肉体——躯体形式障碍

刘丹的"胃痛"至少有五年以上病史了。最开始，刘丹只是时常胃痛，因为有一阵子她工作特别忙，每天饥一顿饱一顿，饮食没有规律，体检时查出来是浅表性胃炎。后来她一边治疗一边食疗，过了一年多，胃炎养好了。但是医生嘱咐她说，平日里要注意饮食，如果回到她以往的饮食习惯，胃痛随时可能复发。自那以后，刘丹在饮食上特别注意，只要一有胃部不适就去医院看医生，做检查。不知道是频繁检查的关系，还是时常担忧，她从心情紧张变成了神经障碍，不到两年，她又被查出来浅表性胃炎。

有一个医生跟她讲，胃病很容易得，但是很难治。如果胃炎不坚持治疗和保养，严重时会可发展为胃癌。这话把刘丹吓坏了，不只胃痛难忍，其他疼痛如头痛、颈椎病、腰痛接踵而来。刘丹也搞不清楚怎么回事，只能头痛医头，脚痛医脚。这边治疗着头痛，另一边用中医针灸按摩治颈椎。为了养胃，她连续喝三个月小米。总算身体上的不适减轻了许多，刘丹最亲近的爷爷被诊断出癌症，照顾亲人又把她刚刚安稳的生活给打乱了。

从诊断到住院，从手术到化疗，刘丹的爷爷来来回回进了三次 ICU 病房，最终，医生的手术刀没有快过癌细胞的扩散速度。爷爷去世后，刘丹的"胃病"变得更严重了。葬礼之后，连续好几天，她没什么食欲，勉强吃些东西进肚子，之后还会觉得胃痛、胃胀，胃里像有一股气乱窜，不打嗝，也不放屁，堵在里面特别难受。

爷爷的葬礼办完，刘丹回单位上班，胃里还是难受，她以为是心情不佳导致的，毕竟她自小在爷爷奶奶身边长大，她跟爷爷的感情最好，心情不好在所难免，过一段日子就会好了。一个多月过去，心烦、失眠、心慌，刘丹的体重下降了十公斤，胃里还是感觉有东西堵着。

刘丹又像以前那样，到各家医院反复检查，检查费用花了不少，却没有任何异常。她的胃依然是浅表性胃炎，和年初体检的结果一样，可是刘丹坚持说自己胃里难受，还吵着要去北京的大医院做检查。后来，刘丹干脆死马当活马医，有朋友推荐她什么异或疗法，她都听之学之，有人建议她都精神科去瞧一瞧，她半信半疑地也去了。没想到误打误撞，她的胃病就变成"躯体形式障碍"了。

听过精神科医生的解释，刘丹如遇到救命神仙一般，倾诉她多年来求医的艰难："您不知道我看了多少科，医院的所有科室，除了儿科、妇科、产科、泌尿科，我几乎都看遍了……去年我要参加职称评定考试，我定的目标都是比较高的，所以压力大，任务重，复习了一个星期不到，我开始腰疼，去拍 X 光片，医生说没事儿，让我别太累，好好养着，我忍着腰痛检查到考完试，之后我就住院了，腰疼得厉害，不能忍了……后来，腰不疼了，胃开始疼，就好像疼痛会游走一样，头一天胃痛，第二天就是颈椎，然后是肩膀，核磁共振、验血，什么都做过了，就是不知道问题出在哪里……"

刘丹缠着医生泄洪一般讲了一通她几年来走的弯路，好像在抱怨"你为何不早些出现，免得我受这么许多的苦"，好在，辗转了这么久，终于有人能够清楚明白地告诉她到底是怎么回事了。

躯体形式障碍是一种心理疾病，但是身体上的疼痛表现得明显而实在。患者长期被身体不同部位的症状（主要是疼痛）困扰，频繁就医，但是找不到产生症状的身体原因。常见的就是慢性疼痛，比如头痛、背痛、腰痛、胃痛。

究其原因，有家族遗传的因素，也可能是伴随PTSD（创伤后压力心理障碍症）而来的身体症状。

家族病史研究显示，躯体形式障碍有在家族内部代代相传的迹象，主要是家族中的女性。女性患者普遍存在焦虑和抑郁症状。由于自身的病症困扰，患者在为人父母之后可能疏于照料孩子，使得孩子将"生病"作为获得大人关注的方法，用身体上的不适来表达情绪，可以说，父母存在躯体形式障碍的家庭里，孩子同样患病、频繁住院和企图自杀的概率要更大一些。

成年人来说，人格特质倾向于敏感、多疑、固执、谨小慎微，对身体过分的关注，要求十全十美者容易招惹躯体形式障碍，其中男性患者可能存在强迫人格，女性患者与癔症性格有关。有的人特别"惜命"，身体有一点抱恙便神经紧张，稍微有点消化不良，便感到胃痛、胸闷，甚至怀疑自己得了胃病、心脏病之类。

除了遗传、心理上的原因，外界环境的变化，如老年独居、丧偶、亲人去世、婚姻变故、子女成年，长时间在孤独固定的环境里生活，缺乏依靠和安全感，这些外因也会造成躯体形式障碍。因为外界刺激带来身体上的不适，患者往往被免于家庭责任，如生病的丈夫休养在家，可以暂停工作，同时还能获得家人的关怀与照料。外界的反馈会助长患者的消极情绪和消极行为。

当然，经历过重大的自然灾害、身体遭受虐待、性虐待，或者童年经历不幸的人，会把躯体形式障碍作为PTSD的一种表现形式留在生活中。比如针对墨西哥裔美国人的调查显示，出生在美国的墨西哥裔美国人患躯体形式障碍的比例要比那些移民到美国的同胞低得多。

躯体形式障碍诊断起来不易，许多患者兜兜转转许多年才从身体疾病转向心理疾病的治疗。治疗这类患者也不容易，首先很多人并不相信他们身体健康，因为疼痛、不适确确实实存在，即使治疗师告知那是心理因素导致的，他们也会固执己见。

如果躯体形式障碍患者能同意接受心理治疗，自然再好不过。指导患者及时表达消极情绪可以作为干预躯体形式障碍的第一步。如果身体疼痛来自生活早期的创伤事件，可以用诱发回忆的方式认识情绪与躯体症状之间的关系。药物方面，抗抑郁类药物对躯体形式障碍患者有改善的作用。

拥有特殊背景的患者，治疗师也会选择与其文化背景相关的治疗方法，比如拉美背景的人对巫师有着天然的信仰，一样的治疗意见，由巫师提出来更容易让这类患者信服。治疗实践中，不妨让"巫师"角色参与其中。除了"巫师"这类民间医生，美国治疗师开始关注禅坐、冥想对身体系统的影响力，无数研究论文证明，禅坐、冥想等能够让心率、血压等发生细微的变化，还能调节人的神经紧张，让患者体验到更舒适的身体状态。

第四章

或战斗或逃跑——应激障碍与癔症

葬礼上的灵异事件——看不见的创伤

常年工作在外的人，回家乡的机会不多。对邵波来说，一年下来，只有春节时间是属于家乡的，其他时候，除非近亲家里操办红白喜事，否则家乡对他来说永远是熟悉而陌生的远方。自从参加过一位同宗大伯的葬礼之后，大小诡异的事情把邵波吓得够呛，回到家里，邵波跟他妻子说："以后家里有事我可不回去了，一年被这么吓一次，恐怕要短命好几年。"

邵波说的"诡异事情"是他在参加葬礼时发生的灵异事件。话说，那位去世的大伯和邵波的父亲是堂兄弟，患脑溢血去世，从送医院到去世，一共不到三天时间，邵波赶回老家时，大伯的儿女还在归乡的路上，于是，操办葬礼的大事小情便落到了邵波的身上。忙忙碌碌两天时间，邵波把能通知的亲戚朋友都通知到了，把葬礼需要用的东西也买得差不多，他刚一回家，便看到一群人围在院子里，一个女人歇斯底里地喊着，听起来像大娘的声音。

邵波走上前去，见坐在地上乱喊乱叫的人果然是他大娘。他弯腰扶一把大娘，把她带进屋里去，问她发生了什么事情，大娘断断续续地说："我看见你大伯了，我看见了，他回来找我了……他是怨我呢，怪我啊，都是我不好，如果不是因为我，他也不会这么快就死……"大娘越说越恐怖，邵波坐在她身边，抬眼看停在院子里的红漆棺材，顿时脊背发凉，汗毛都竖起来了。

听围观的邻居说，自从大伯遗体摆进棺材，大娘的神色就变得怪怪的。忙碌了一整天，午饭后说要休息一会儿，她就在沙发上眯了一会儿，别人也不知道怎么回事，只听见"不要啊"一声喊叫，大娘就从里屋到了门口，坐在地上边哭边说，声音尖利，特别吓人。听周围人描述了不同版本，邵波不曾经历过丧事，更不知道如何是好了。

幸好当天晚上，大伯家的哥哥嫂子和姐姐姐夫都回到老家，邵波和他们描述了几天里发生的"灵异事件"，他们也觉得瘆得慌。哥哥担心出事情，指定夜里守夜的人两个一起，出来进去有个伴儿，还能防着"鬼怪"作祟。邵波跟"笃信科学"的姐夫一伙，姐夫大大咧咧地跪在棺材跟前大讲唯物主义，邵波听他说话，只能看作一个活人陪着他，他姐夫那一套科学理论并不能解他的心疑。

小心又谨慎，好不容易熬到了出殡的日子。没想到，棺材刚一下葬，大娘又开始"犯病"了。

从坟地回家的途中，邵波一路跟着大娘，只见她脸色发白，浑身哆嗦，只喊着头疼，感觉头要炸开了，邵波连忙叫人把大娘送到了医院，医生给打了镇定剂，住院一晚，转到精神科，大娘已经不再歇斯底里地喊叫，但是说的话特别吓人。她说她不敢闭上眼睛，一闭上眼睛就看到她老头在她眼前，有时候闭着眼睛休息一会儿，脑袋里还能看到各种可怕的画面，像放电影似的，一闪一闪地过去。从大娘口中，邵波初次听到一个真相，原来，大伯发病时，没有人在家，大娘找到车子拉他到医院后，医生说脑溢血严重，需要马上手术，大娘给两个孩子打过电话，只说大伯病了，手术的事儿她自己做了决定，没承想，大伯在手术台上没下来，进医院三天就去世了。

大娘说过之后，邵波问医生："可是撞鬼了？"

医生无奈地回他一句："我不想和你讨论鬼，不过从医学的角度，患者属于急性应激反应，是由于老伴儿去世太急，心理上没有准备，她又对老伴儿的死心怀愧疚，才会生出这诸多奇怪的反应。"

邵波问："那怎么办？需要住院吗？"

医生说："不用，休息几天就会好，我先给她开点药，每天睡前吃。"

好不容易结束了大伯的葬礼，邵波心事沉重地回到家中。好些天过去，他的心情一直不好，恍恍惚惚的，好像精神出了问题。夜里睡觉时，他常常看到一些恐怖的画面，分不清是他看过的恐怖电影的画面，还是他自己想象出来的画面，他跟妻子说："我不会也跟大娘一样，得了什么急性应激障碍吧？"

妻子故意吓他说："不是，你是真的撞鬼了，从你回来那天，咱家里就多了一个人，你都没有发现吗？"被妻子这么一吓，邵波更神经兮兮了，用被子蒙住了头，假装睡觉。妻子补充道："看你那个胆小的样子，整天自己吓自己，胡思乱想，没病都给你吓出病了。我给你倒杯水去，赶紧睡觉吧，明儿还要上班呢。"

很多时候，当我们在亲人死亡后，往往把更多精力放在操办一场体面盛大的葬礼上，反而忽略经历亲人死亡的人的内心感受。国内的心理学研究历史只有几十年，对"创伤后应激障碍"的了解大概是从唐山大地震、汶川大地震这样的特大自然灾害开始的，而那些从未经历过自然灾害，只是在亲人去世时痛苦得无法自拔的人，恐怕还不知道，其实那痛苦不只是来自悲伤，更来自看不见的悲伤——创伤后应激障碍。

应激障碍可以根据发病时间分为两种，一种是急性应激障碍（Acute Stress Disorder，简称 ASD），是指在以急剧、严重的精神打击作用下，患者在受刺激后立即（一小时之内）发病，表现有强烈恐惧体验的精神运动性兴奋，行为有一定的盲目性，或者为精神运动性抑制，甚至木僵。如果应激源被消除，症状往往历时短暂，预后良好，缓解完全。

另外一种是创伤后应激障碍（Post-Traumatic Stress Disorder，简称

PTSD），指的是个体在亲历、目击或面临一个对自己或他人具有死亡威胁、严重伤害的创伤事件后的两天至四周内所表现的应激反应。其症状主要表现为分离、再历、回避和过度警觉。具体地说，分离包括麻木、意识涣散、人格解体、现实感丧失、分裂性遗忘；再历包括与创伤事件相关的想象、思考或悲痛的再次出现；回避指对创伤事件相关的思考、情感或地点等的回避；过度警觉指焦躁不安、失眠、易怒、高度警惕、注意力难以集中。如果一个人在经历重大生活事件后表现出如上症状，便可以诊断为PTSD。

ASD的诊断可以用量表进行，如《急性应激障碍访谈问卷》《急性应激障碍量表》，当然，经验丰富的心理医生或精神科医生可以凭借症状进行诊断，可以不借用量表的辅助。常见的ASD患者有非常明显的症状，短时间内如暴风骤雨般发作，刺激源消失后，逐渐好转，并不会停留许久。

案例中的"大娘"和邵波都有不同程度的PTSD。大娘的症状主要表现在再历，即她的脑海里重复出现当时的情景，出现一些画面的闪回，即使试图逃避，但是不能阻止那些画面不停地出现在她的脑海里。随着事件发生时间的延长，她的情绪低落没有好转。另外，"大娘"的PTSD症状中还有一部分愧疚感在。所谓"幸存者愧疚"，指的是患者因为幸免于难而感到痛苦和愧疚，这种情绪常出现在自然灾害带来的死亡事件之后，比如洪水灾难中的被救者对那些不幸身亡的亲人或朋友心怀愧疚，"二战"期间，经历过大屠杀的幸存者对遇害的家人存心愧疚，即使是最普通的交通事故，也伴有"幸存者愧疚"。"大娘"的愧疚则来自她做出给她老伴儿做手术的决定，即使手术并不是他去世的真正原因，她却不自觉地把责任揽在自己身上。

比利·林恩的焦虑——创伤后应激障碍

　　PTSD 最重要的诊断标准就是上文提到的分离、再历、回避和过度警觉。分离、回避即感情麻木、疏离，避免和他人谈论与创伤事件有关的想法、感受，避免接受与创伤事件有关的人和场所，对很多活动失去兴趣，和他人疏远，感情变得迟钝；再历即不断地、不自觉地重新体验痛苦的经历，如果置身于类似的场所，就会感受到强烈的心理和生理上的痛苦；过度警觉表现为难以入睡，睡着了也容易醒，脾气变得暴躁，容易发怒，难以集中注意力，很容易被吓到。

　　2016 年 11 月 11 日，李安导演的电影《比利·林恩的中场战事》打着 120 帧 /4K/3D 的技术革新旗号在国内上映，可惜全世界只有五家电影院能满足 120 帧 /4K/3D 的放映条件，国内则只有北京一家，上海一家，其他普通院线依然是 24 帧、3D 的一般版本。技术如何呈现画面是电影的一条生命，故事本身则是电影的另一条生命，而且，不同版本的视觉效果呈现出来的故事都是一样的。

　　《比利·林恩的中场战事》讲了什么故事呢？可以从很多方面解读，比如反思美国的对伊拉克战争，比如思考战争中的人性，比如重新解读战争英雄，比如我们可以看到包括比利·林恩在内的 B 班兄弟严重的 PTSD 症状。这部电影根据美国作家本·方登的同名小说改编，讲述的是在伊拉克战争中的美国士兵比利·林恩与战友在伊拉克与当地反对武装进行了 3 分 43 秒的激战，而后被媒体报道追捧为战争英雄，继而回到国内参加"超级碗"比赛（号称美国春晚）的中场演出的故事。战斗中的死者成了烈士，活着的人成了国家英雄，可是没有人知道他们内心的伤口。

在这一场橄榄球公开赛的中场表演过程中，比利·林恩经历了人生中最荣耀也又最糟糕的一天，比利·林恩和他的一般兄弟从无名小卒成了国民眼中的战争英雄，实际上，他们不过是未经世事的毛头小伙。拿比利·林恩来说，他是一位 19 岁的少年，没有女朋友，还是一个处男，他有一个被未婚夫抛弃的姐姐和一个被医疗费拖累的家庭，他还有一颗敏感的内心，在他的记忆中，那 3 分 43 秒的关键时刻不是他从毛头小子变成英雄的历程，而是他第一次与死神的亲密接触。

从 B 班小伙子们的身上很容易找到 PTSD 的痕迹。在中场秀的烟火表演中，B 班小伙子穿上了军服，准备和一群橄榄球宝贝一司完成一场秀，表演过半，场地燃起了烟火，其中一个战士克里斯反应过度，殴打了场边的一个工作人员，很显然，爆炸的烟火让他分不清是赛场还是战场，身着军服的他做出了最本能也是最真实的反应——攻击。

从电影一开始，PTSD 的症状逐渐铺垫，B 班小伙子中，比利的情况最严重。比利回家后，一家人就伊拉克战争的正义性做了一次讨论（就像美国民众关于这场战争的讨论一样），比利的姐姐一怒之下拍了一下桌子，结果把他吓了一大跳，正是这个时候，比利的姐姐注意到他的异常。

和 B 班其他小伙子相比，比利拥有更残酷的战争体验。他在队长带领下与队友一起执行任务时，他为了救受伤的队长，与一个单枪匹马跑来的敌人有了正面交锋，近身肉搏中，林恩用刀划破了对方的喉咙，看着他一点点地咽气。类似《士兵突击》中许三多在执行任务时用刀子杀死了毒贩，那种近身肉搏带来的恐惧和死亡气息比远处攻击、比枪支射击要强烈得多，所以许三多和比利一样患上了PTSD。

B班的其他小伙子们没有好到哪里去,他们表面上嘻嘻哈哈,努力用打闹、开玩笑等方式缓解精神上的紧张,但是神经的敏感并不受意志控制。在队长的葬礼上,所有人被鸣枪声吓到了,中场表演时克里斯的反应更证明这群表面上轻松无忧的小伙子内心并不好受。

数据显示,美国的退役军人中,20%左右患有PTSD或抑郁症,阿富汗战争、伊拉克战争制造了数百万的难民,也制造了许多心理健康存在问题的士兵。对患有PTSD的老兵,退伍并不是快乐生活的开始,美国的流浪人口中,17%是退役军人,那些不至于混到流落街头地步的军人,他们的未来生活亦是伴随着噩梦、酒精一起,克服了生活困境,但是难以摆脱心灵困境。

关于PTSD的研究,最早正是从战争开始。人们根据研究战俘的反应,发现许多战俘存在创伤后应激反应,在战后长达几十年的时间里,战俘和退役士兵无法走出创伤的阴影。二战对所有参与者、经历者都是一次重大的创伤,从集中营里死里逃生的人比其他人患PTSD的比例高出三倍。

跟随战火而至的暴行,迫害、强奸、杀戮,无数人流离失所,失去家园和亲人,这些人或许流落他国,困顿在难民营中,或者留在家乡,过着食不果腹的生活,和那些死在战争中的人相比,他们是幸运的,但是活下去的同时意味着面对国家的破败,逃掉的难民则要忍受与国土、家人的长久分离,这些人是PTSD的巨大群体,他们在战争、动乱中受尽折磨,未来的人生里,如果不能获得及时的心理救治,PTSD症状将一直伴随他们的人生。

即使不是战争这样残酷的伤害和杀人经历,一般的创伤事件也足以毁掉正常的生活。比如交通事故、亲人疾病,即使不是亲身经历者,目击者也会受到心灵冲击。调查显示,亲眼看到他人受到伤害或者幸存者,其体验如同自己经历一样,而那些经历过交通事故,或者在交通事故中失去亲人或配偶的人在事故发生后的四到七年旦依然存在焦虑和抑郁症状。

针对 PTSD 患者的治疗，主要从三个方面入手：第一，让来访者能够面对创伤事件，不再生活在恐惧之中；第二，矫治来访者的认知扭曲；第三，帮助来访者恢复生活能力，减轻生活压力，重回正常生活。认知—行为疗法应用率较高，其中一个手段是系统脱敏，调查发现，针对强奸受害者、退伍老兵、交通事故幸存者等群体的系统脱敏治疗效果显著，PTSD 症状缓解，且有助于防止复发。

另外，思维终止法和应激管理干预都可以用于实际的治疗。思维终止即亚奥求来访者在意识到自己正在重新体验创伤事件时自行喊停，尝试把注意力从糟糕的记忆转向积极的活动，或者其他思虑上面。很多带着战争体验、镇压群体事件记忆的人会忍不住愤怒，以诉诸暴力的方式解决问题，这种自我控制能够缓解创伤体验对现实生活的影响。当然，情绪管理方法、生物治疗、社会文化治疗同样可以应用到 PTSD 治疗中。

初来乍到不知情——适应障碍

19 岁的王欢曾经有过一年"风光无限"的大学生活，如今身为高四学生的他从未对他人提起过那段经历，但是在他心中，那是一段自由潇洒、放荡不羁的大学生活，是他一生中最快乐的一段日子。只可惜，快乐的代价有些沉重。

18 岁那年，王欢以全县第六名的成绩考入了著名的工程院校 D 大，拿到录取通知书后，王欢先后接受了老师和同学的夸奖，又在朋友圈里被表扬了一番。在高中母校的毕业生大会上，他作为德智体全面发展的优秀毕业生做了毕业演讲，一度成为学弟学妹的榜样。开学之前，王欢参加了无数场升学宴，包括他自己的。每一次出席公共场合，王欢无不意气风发，侃侃而谈，他人对自己的肯定，永远不及他对自己的欣赏，看着镜子里的自己，不用别人夸，他已经被自己的优秀折服。

初秋九月，一家人浩浩荡荡地送他到学校，一切都像他想象的那般模样，校园宽敞明亮，树木郁郁葱葱，走在校园里的都是俊男美女，青春靓丽，令人赏心悦目。入学报到第二天，紧张的军训就开始了，在每天满满的日程安排之下，王欢开始变得无所适从。军训到第三天，班长和辅导员就发现了他的真面目，他根本就是一个"四体不勤、五谷不分"的少爷。王欢不会叠被子，自己没有洗过衣服，因为体质弱，高强度的军事训练让他痛苦不堪，频频掉队拖院系后腿。为了能在内务方面赶上班级平均水平，他花钱雇同学帮他叠被子、洗衣服，被辅导员发现之后，他被训斥一番，还作为负面典型在院系里做了自我批评。

军训没有训掉王欢身上的傲气和豪气，军训一结束，他就开始撒丫子作起来。王欢原本就是网瘾少年，高三时若不是他妈妈整天像看犯人一样看着他，他必定沉迷网络，不能自拔。离开了家，天高皇帝远，父母管不到他，他自然彻底放飞自我，想做什么做什么。

大一生活的前两个月，王欢昏天黑地地打了两个月游戏，由于他作息时间晨昏颠倒，搞得宿舍同学都对他有意见，为了方便自己，方便他人，王欢干脆从宿舍搬出去，在学校附近租了一处公寓，约上三五好友，组成了"游戏战队"，一起打游戏。

日子很快就混过去了，期末时候，王欢因为平日里上课不出席，还没考试就挂了两科，考试之后，又有多门专业课不及格，幸好他功底好，勉勉强强把英语和计算机蒙混过关。到了第二个学期，王欢更加放肆起来，他不只组织战队打游戏，还受两位网友的影响，做起了网络主播。受到了粉丝的追捧，王欢一度真的相信自己长得像吴彦祖，他更觉得，搞水利工程是对他颜值的巨大浪费，他应该当歌手，当演员，进娱乐圈。

为了买做网络主播的设备，王欢撒谎跟家里要了一万块钱，由于不会理财，他的生活费很快花得一干二净，比"月光族"更快，他是"周光族"。他不敢再跟家里要钱，就四处举债，待他稀里糊涂地又混掉了一个学期，他的明星梦没有实现，反而因为挂科太多被学院劝退。等他父母到大学了解情况时才发现，他不只是荒废了学业，还欠了两万多块的债务。父母无可奈何，只好接受了学校的退学要求，替他还掉债务之后，把他带回老家复读。

王欢的情况非常典型，属于大学新生适应不良的情况。所谓适应障碍，是指在明显的生活改变或环境变化时所产生的短期、轻度的烦恼状态和情绪失调，常有一定程度的行为变化，但并不出现精神病性症状。在众多适应障碍中，大学新生对新环境的适应一直是一个普遍问题，也是令家长和老师头疼的问题。

　　家里娇生惯养的孩子，初来乍到，进入一个崭新的环境，一下子要独立处理许多状况，那些缺乏生活经验，独立性较差，情感依赖强烈，心理脆弱的孩子很容易出现问题。有的孩子性格内向，出现生活问题、人际关系问题之后不知道与人沟通，也不知道如何解决，于是闷在心里，情绪低落，社交封闭，糟糕的情况演变为抑郁症；有的孩子则是离开了父母的监管，瞬间变成了脱缰野马，在没有边界、没有束缚的世界里自由飞翔，很容易结交损友，走上歧途，如案例中的王欢。

　　大学生的适用障碍不只会影响个人的求学生活，还容易造成社会影响，但是较小年纪，如中学生、小学生的适应不良多倾向于对个人身心健康造成影响。比如说转学生，无法适应突然的环境改变，容易出现烦躁、易怒，乱发脾气等症状，如果存在人际关系不良，还会出现与同学、老师之间的矛盾。

　　其他类型的适应障碍包括丧偶、离婚、失业、迁居、移民、出国、入伍、转学、患重病、经济危机、退休等，宽泛地说，任何形式的环境改变都在冲击人的内心世界，从一个熟悉的、可以掌控的环境进入一个不熟悉的、毫无掌控能力的环境，不论大人还是孩子，难免出现这样或那样的问题。

　　适应障碍的症状表现主要以情绪症状为主，如抑郁、焦虑，或出现躯体症状，如头疼、胃痛、睡眠质量下降或失眠、食欲不振、性功能障碍、免疫力下降等，青少年的适应障碍除了以上症状，还可能伴随品行障碍，如说谎、逃学、偷盗、打架、毁坏公物、过早性行为等，儿童则表现出退行行为，如尿床、吮吸拇指。适应障碍多发生在环境变化后的一个月内，病程一般不会超过六个月，预后良好。

　　适应障碍多数不用治疗，时间久了，环境熟悉了，不良情绪和行为自然会消失。因为适应障碍因个体性格特点不一而有轻重缓急，对那些情绪障碍、品行障碍和躯体不适严重的患者，可采用认知－行为疗法，精神宣泄等方法，如果抑郁、焦虑症状明显，可酌情使用抗抑郁或抗焦虑的药物。

回想昨日与今天——癔症的研究历史

在弗洛伊德与布洛伊尔合著的《癔症研究》中，记载了弗洛伊德和布洛伊尔治疗过的真实案例，如凯瑟琳娜的案例、伊丽莎白·冯·R 小姐的案例，露西·R 小姐的案例，埃米·冯·N 夫人的案例，还有前文中提到过的安娜·O 小姐的案例。弗洛伊德用他亲自接诊的案例来表达他对"癔症"这一疾病的新看法。下面我们来大概了解一下埃米·冯·N 夫人这个案例，她也是一位癔症病人。

1889 年，弗洛伊德接受了埃米·冯·N 夫人作为治疗对象，那一年，她 40 岁左右，看上去很年轻，但是脸上不乏痛苦的表情。在弗洛伊德第一次与埃米·冯·N 夫人见面时，一开始，埃米·冯·N 夫人还能连贯地谈话，从讲话方式可以看出来，她是一位受过教育的女士。可是没这几分钟，埃米·冯·N 夫人突然变了一个人似的，"她便突然停下了，扭曲着脸，现出恐怖和厌恶的表情"，之后开始惊叫，好像看到了一些恐怖的画面一般，嘴里喊着："保持安静！不要说任何话！不要碰我！"过了一会儿，这样反常的表现突然终上，之后表现出如此前正常的样子，似乎她患了健忘症，对之前的行为不解释，也不道歉，好像中间那段"插曲"不曾存在一样。

根据今日我们对癔症的了解，癔症的主要表现有分离症状和转换症状两种，分离症状中的情感爆发表现为情感过分的发泄，时哭时笑，吵吵闹闹，对自己的情况以夸张性来表现，发作时意识范围狭窄，冲动起来毁物、伤人，存在自伤和自杀行为。埃米·冯·N 夫人的症状没有严重到毁物伤人，但是情感突然地高涨、爆发，事后遗忘。

所谓癔症，又称分离转换性障碍，是由精神因素，如生活事件、内心冲突、暗示或自我暗示，作用于易病个体引起的精神障碍。癔症的症状涵盖非常广泛，分离症状包括分离性遗忘、分离性漫游、假性痴呆、双重和多重人格、精神病状态、分离性木僵和刚刚提到的情感爆发；转换症状的表现包括运动障碍、痉挛障碍、抽搐大发作、各种奇特的肌张力紊乱、肌无力、舞蹈样动作、听觉障碍、视觉障碍、感觉障碍等。

癔症的发病原因有多方面的因素，生物学因素如遗传，在癔症家族病史调查中，癔症患者的父母、兄弟姐妹不同程度地受癔症影响或者存在癔症型人格障碍。研究显示，癔症病人具有强烈的受暗示性，具有癔症型人格更容易患癔症，所谓癔症个性，包括情感丰富、有表演色彩、自我中心、富于幻想、暗示性高。躯体方面，某种程度的器质性病变，如散发性脑炎、脑外伤等可导致癔症发作。除了生物学因素，心理因素和社会文化因素也是导致癔症发作的原因之一。

回到《癔症研究》中的埃米·冯·N 夫人这个案例。根据弗洛伊德的记录，埃米·冯·N 夫人的家族来自德国中部，拥有大量财产，在父母生养的十四个孩子中，她是第十三个，也是存活下来的四个孩子之一。童年阶段，埃米·冯·N 夫人得到了精心抚养，但是因为她的母亲精力旺盛且管教严厉，埃米·冯·N 夫人的成长经历受到母亲的多方约束。

23 岁时，她嫁给了一位实业家，她的丈夫拥有显赫的家财，但是比她年长许多。婚后不久，埃米·冯·N 夫人生了两个孩子，她丈夫却死于中风。自从她丈夫去世，埃米·冯·N 夫人一直受到疾病的困扰，她接受过按摩治疗、电浴治疗，但是情况时好时坏。接受弗洛伊德的催眠治疗后，埃米·冯·N

夫人透露出更多她在成长阶段经历的可怕经历，比如她弟弟的去世，比如她在15岁时目睹了母亲口风倒地的情景，虽然她母亲此后又活了四年，那次目睹却给她的心灵带来沉重的打击。

弗洛伊德对埃米·冯·N夫人的治疗因为各种原因断断续续，但是他能从不同方面得到她的消息。一年之后，弗洛伊德不再得到埃米·冯·N夫人的消息，三年后，弗洛伊德听说她再次犯病，并且请其他医生为她进行催眠，之后如何，弗洛伊德没有继续记录，恐怕他也不清楚了。在弗洛伊德的定义下，埃米·冯·N夫人是典型的癔症病，她的幻觉、人格变化、身体上的疼痛皆是癔症病人的特征，而她的病情和她的个性与成长经历脱不开关系。

回想人类自古以来对"癔症"的观察、研究，可以以《癔症研究》作为分界线，往前是"魔鬼"论调，精神病定义，自弗洛伊德之后，"癔症"逐渐被看作一种病症，而不是精神病态。在这之前，人们是如何解释癔症呢？古希腊时期，希波克拉底和柏拉图认为，癔症是妇女特有的一种疾病，因为子宫在人的身体里游走，走到了某个部位或器官就会产生癔症。中世纪时期，受神学观念的影响，认为癔症是魔鬼附身所致。随着人体解剖学的发展，越来越多的人认为癔症发作并非来自子宫的移动，而是因为大脑功能紊乱，但是，这也导致对癔症的诊断被泛化，一些原因不明的神经系统疾病都被归类到癔症范畴。

到了弗洛伊德时期，他认为癔症来自心理创伤，特别是婴儿时期受到压抑的性本能，通过转化机制产生了各种身体症状。起初，与布洛伊尔的合作经历让弗洛伊德开始相信，癔症的实质是克服不快乐或具威胁成分的情感及记忆从而保护意识的一种主动性的防御过程——这是精神分析理论的核心观点，不过，他看到了症状背后可能存在的创伤经历，而不是魔鬼作祟这种神学理论。基于这种理解，弗洛伊德用催眠的方式尝试帮助患者将被遗忘的记忆推送到意识层面，让患者的痛苦得以宣泄。

针对癔症的治疗，催眠疗法和暗示治疗依然是消除癔症症状的有效方法。解释性心理治疗也很重要，即同时做患者和家属的心理工作，消除对癔症的疑虑，建立支持性的家庭关系以帮助患者改善生活环境和心理环境。药物治疗并不是让患者服用专门治疗癔症的特效药，目前为止还没有这样的特效药，药物治疗针对的是癔症患者的特别症状，以消除患者身体不适感为目的，如针对患者的疼痛、失眠、情绪问题、抑郁等症状针对性地用药。

大部分癔症患者可以在发病后自行痊愈，即使需要治疗的患者，经过治疗后也恢复良好，很少复发。只有一些慢性患者，因为病程长，反复发作，治疗起来比较困难。这时候，不仅需要临床上的治疗方法，还需要长期的疾病护理和心理疏导。比如家属在生活上给予患者更多的关心和安慰，消除患者的不良情绪；癔症患者的受暗示性特别强，因此要在言语、行为和态度上多加注意，以免给患者带来不良的心理暗示，加重病情。

最完美的装神弄鬼——癔症不是神经症

在影视作品中，有时会看到"跳大神"的情节，赵本山拍摄的电视剧《刘老根》中出现过类似跳大神的"神调"表演，郭德纲与于谦还讲过相声《跳大神》。艺术来源于生活，影视作品中的"跳大神"来自于民间文化，来源于大隐隐于市的"大神"们。不过，许多自称"大神"的人自诩"神灵"附体，可以为人驱除病魔，实际上干的是坑蒙拐骗的勾当。

2015 年 3 月，在陕西绥德县的一个山村，一位自称"神医"的人号称能用跳大神治病，结果没有妙手回春，反而害人性命。事情的起因是一位霍姓村民的老母亲身体不适，老人的儿子准备带她去医院看西医，老太太执意不去，坚持让儿子帮她去请隔壁村的"神医"。"神医"来了之后，点上香，坐在炕上，开始"发功"。不一会儿，"神医"睡倒了，开始说一些别人听不懂的"神话"，只听"神医"如神灵附体一般，口中断断续续地说些像英语的句子。发功之后，"神医"开了一个药单，除了红布、白布，还要土蜂窝、无根草、石灰、铜圆、青蛙等四十多种药材。拿了方子，霍家人出了 550 块钱谢过了"神医"，万万没想到，按方抓药给老太太服下后，不到五分钟，老太太就没气了。霍家人报案后，警察找到"神医"的住所，才发现所谓的"神医"不过是装神弄鬼的巫医，他的"神医"名声不过是拿过他好处的家族成员帮着宣传出去的，一传十，十传百，远亲近邻都知道了他的名声，他的药材也只是以次充好的中草药而已。

类似的以"跳大神"为招牌的"神医"不只是装神弄鬼，从中牟利，还侵人钱财，淫人妻女。2016 年 4 月，甘肃岷县的一个"阴阳先生"以"跳大神"的名义帮村里一位妇女治病，结果趁机强奸了生病的女子。据报道，这位生病的妇女整天胡言乱语，她丈夫认为她被"鬼神"附体，遂请邻村一位"阴阳先生"看病。没承想，阴阳先生又是画符，又是跳大神，从傍晚一直折腾到凌晨三点，到了第二天早晨，"阴阳先生"继续给生病妇女治病，其间，"阴阳先生"以施法为由，要求患者的丈夫、女儿、婆婆等人回避，起了歹心的"大神"遂对生病妇女施行了强奸。事后，患者家人到派出所报案，"阴阳先生"遂被拘留，而后被以强奸罪提起公诉，"阴阳先生"转眼成为阶下囚，被判刑期三年七个月。

民间的"跳大神"来自于东北地区的萨满教文化，是少数民族对大自然的原始崇拜，可惜文化传承至今，已经跑偏走歪，成了江湖骗子骗人敛财的手段。说起"跳大神"，看起来装神弄鬼，也有人称其为"人与神的交流方式"，从心理学的角度看，"跳大神"的"神医""先生"之类，很可能是癔症发作。

癔症患者有一个非常明显的特点，即好感情用事、富于幻想、受暗示性强。在农村地区，迷信思想严重、受教育水平低的妇女更容易被"鬼神附体"。病人的生活环境充满浓厚的迷信气氛，文化落后，病人本身也相信鬼神的存在，伴随身体衰弱，一旦遭遇强烈的精神刺激，病人以别人的口气说话，或者化身死去多年的亲人，或者模仿邻居的口气，或者自称是狐仙、黄仙，神情、举止都变成了另外一个人的模样。严重时可出现躯体障碍，如咽喉梗阻、失聪、失明、心因性疼痛、瘫痪、呕吐等。

在农村地区，这类癔症发作特别常见，几乎每一个村子里都有那么一位"传奇人物"，人们也津津乐道于一位被选中的女子是如何历经身体折磨、家庭败落之后成为"大神"。比如说，二十世纪七十年代的东北农村，一位待字闺中的姑娘自由恋爱被父母阻拦，姑娘没有激烈反抗，也没有与人私奔，乖乖地回到家中，偶尔兀自落泪。

有一天，不知道怎么了，突然之间又是哭，又是笑，发作起来，她能以家族里一位去世老人的口气说话，全村人都以为她是鬼神附体了。家里家外替她找先生作法、看病，折腾了一溜十三遭，姑娘还是没有好转，爹妈怕她随时发作，把她关在家里不让出门。

过了些日子，姑娘的一位表姐串门到了她家，与她聊天半晌，竟然也被"仙家"抓住，两人在屋里又是哭，又是笑，嘴里念念有词，显得阴森吓人。有"先生"给她们看病，说是她们天生异质，被仙家选中，要她们做接班人。这话说出来没多久，姑娘的表姐不治而愈，和正常人没两样，那位姑娘却越来越严重。可是，她不愿意听从"先生"的法子，而后，她被送到了精神病院，在那里住了三年，回到家后不再犯病，但是也不再是发病前伶俐乖巧的模样，整个人呆呆傻傻，看着让人心疼。

在文化落后的偏远地区，被"鬼神附体"很常见，邻里们都不以为奇。"大神"之所以受欢迎，自然是因为有群众基础，有人信，才有人做。那位姑娘的发病，很可能是癔症发作，而且，癔症是具有传染性的，姑娘表姐与她交流后，二人互相传染，才出现了两个人一起发作的情况。在群体中，癔症的传染比这对姐妹的发病情况要严重得多，即群体性癔病。

群体性癔病是因为精神紧张等因素在人与人之间引起了集体性的心理、精神障碍，其特点是人群之间产生相互影响。一些人目睹某一个人的癔症发病，由于对疾病不了解，也跟着产生恐惧、紧张心理，并出现相同症状。2009 年，中美洲国家尼加拉瓜发生了三个土著社区出现集体癔症的现象，一共有四十三人受到"传染"。据说，尼加拉瓜的这一地区不止一次爆发过群体性癔症，早前曾经发生过一起涉及六十人的集体癔症；2011 年，云南华坪县一所中学出现初中女生反复"昏倒"的病例,三四天后,昏倒的学生人数一度上升到三十二人,昏厥的时间逐渐增多,有的学生曾经昏倒十四次,究其原因,不过是群体性癔症发作。

据精神障碍分类与诊断标准,癔症与神经症同属于精神障碍,但是二者区别明显。从病症方面区分,神经症包括神经衰弱、焦虑症、恐怖症、强迫症等,可能由心理、身体原因导致病症出现,癔症则受到强烈的外界刺激而出现的症状发作,从癔症严重程度分类,癔症分为一般的癔症发作、神经症类癔症发作和精神病类癔症发作。二者不同,但是同属于精神领域的疾病,因此在日常生活中需要格外注意。

第五章

让我欢喜让我忧——心境障碍

把悲伤留给自己——抑郁症

在互联网发达的今天，"抑郁症"已经不再是陌生字眼，这么多年来，人们从众多公众人物的自杀新闻中不断听到"抑郁症"这三个字。2003年，香港明星张国荣在愚人节那天跳楼自杀；2010年，演员贾宏声在经历吸毒、戒毒、长期抑郁症困扰之后跳楼自杀；2011年，青年演员尚于博在北京跳楼自杀，年仅28岁。作为一个影视圈冉冉升起的新星，尚于博也受到时好时坏的抑郁症折磨……

这样的悲剧排列起来，好似抑郁症是"无形杀手"，专门取人性命的。其实，我们生活中也有那些经历过抑郁症的折磨，花费了漫长时间逐渐从绝望中挺过来的人。歌手朴树多年里受抑郁症困扰；与朴树同样有一颗赤子之心的摇滚歌手许巍也经历过因为抑郁而消沉的日子，生病时他不能见人，不能写歌，也不能碰吉他；昔日的央视名嘴崔永元、白岩松也不同程度地陷入抑郁症的泥沼，对任何事情失去兴趣，数度想过自杀。

我们总是从名人的故事中观察抑郁症的蛛丝马迹，殊不知，抑郁症并不是名人的专利，在抑郁症面前，每一个人都有得病的可能。只不过，娱乐圈、影视圈的特殊工作性质，将普通人追求的名与利放大到了极限，人也承受了比常人更大的压力。为了表演，为了名声维系，他们还要笑脸迎人，强颜欢笑，正如陈升的那首歌：把我的悲伤留给自己，你的美丽让你带走，从此以后我再没有，快乐起来的理由……

抑郁症距离我们的生活并不遥远，可以说，它一直潜伏在我们身边。据2009 年《柳叶刀》上的一篇流行病学调查，中国的抑郁症患病率有 6.1%，按照人口基数计算，抑郁症患者群体至少有九千万人。患者中，女性多于男性，职业人群高于非职业人群，生活在北上广深的一线城市的白领们则是抑郁症的高发人群。

尽管抑郁症侵入生活日常，人们对"抑郁"到底是什么并不清楚。粗略的概念，可能将其描述为"心情不好""情绪低落""什么都不想做"，严重者一心想要自杀或者实施自杀。其实，抑郁症患者有多种复杂的表现。最明显的当然是情绪低落，患者整天闷闷不乐，对什么事情都提不起兴趣，抑郁心境有晨重夜轻的节律变化。在情绪低落的基础上，患者出现妄想，部分人可出现幻觉。

由于思维迟钝，患者变得话少、语速慢、声音低沉、严重者无法正常交流，意志活动减退，患者不想做事，不想和周围人接触，或者独坐一旁，或者整日卧床，如果没有必要，宁愿闭门独居、疏远亲友，彻底回避社交。严重时，对吃喝等生理需求不管不顾，蓬头垢面，不修边幅。严重者伴随消极自杀的观念和行为，认为自己活在世界上毫无意义，是多余的人，结束生命是一种解脱，出现这种念头是抑郁症的高危阶段，因抑郁症而自杀的患者正是挺不过这个阶段。

此外，患者还存在认知功能障碍和躯体障碍。比如患者的记忆力下降、学习困难、手眼不协调、警觉性增高、抽象思维能力差。躯体方面，患者主要的症状就是睡眠障碍，入睡困难，睡眠不深，早醒，醒了难以入睡，少数患者表现为睡眠过多。此外还有食欲减退、体重下降、便秘、性欲减退等症状。

抑郁症是一个病程漫长的疾病，很多人被抑郁症纠缠四五年甚至十多年无法摆脱，有的人则终生伴随抑郁，无法治愈。因此，抑郁症的治疗首先以减少病残率和自杀率为主，消除临床症状，帮助患者提高生活质量，尽量恢复其社会功能，防止复发。

冰与火之痛——躁狂抑郁双相

在躁郁双相的陪伴下，李华旭走过了离婚后的第八个年头。人说男人四十一枝花，他却活成了豆腐渣。眼看着与他同期毕业的朋友们事业如日中天，散发出成熟男人的自信和魅力，李华旭活的四十像六十，沧桑落魄，未老先衰，活成了老大爷的模样。

李华旭生得仪表堂堂，二十年前亦是一表人才，意气风发。和同期学生相比，他起点高，有才华，心气儿也高，一心想着做出一番轰轰烈烈的事业来。离开校园前十年，李华旭走得还算顺利，在国企工作了两年，受不了压抑环境与官僚气氛的他跟随妻子回到家乡与人合伙创业，有妻子和岳父的全力支持，李华旭的电子商务公司开得有声有色，财源滚滚。

在李华旭的逻辑里，事业有成的男人向来是"家里红旗不倒，外面彩旗飘飘"。他与办公室助理暧昧一阵，出差在外邂逅几次露水情缘。他以为这是成功男人的标配，却没想到被有着火辣彪悍性格的湘妹子媳妇抓到一次便提出了离婚申请。随之而来的是前妻撤走了她以及她娘家投到公司里的资金，让他遭遇了人生中第一大劫——釜底抽薪。

李华旭永远记得前妻在拿过离婚证时对他说过的话："你曾经拥有的一切都是我给的，没有我，你就是一个废人！"这话伤了李华旭脆弱的自尊，也激发了他的斗志。几经辗转，李华旭保住了公司，稳定了生活，与此同时，他的心理状态开始发生变化。

有时候，李华旭为一个新项目着急时，日日夜夜惦记着工作，人也变得莫名其妙，让下属摸不到头脑。他原本就是一个健谈的人，后来每天拉着人神聊，海阔天空聊一些有的没的话题。和妻子打完离婚官司后，李华旭失去了儿子的抚养权，可是，他却变得自负起来，常常跟朋友吹嘘说他才高八斗，文武双全，有很多年轻女孩子排着队等着嫁给他，告别前妻等于告别旧社会，未来世界一片光明，男人只要有了钱，不愁没有女人……

李华旭如此飘飘然地过了一个多月，突然像变了一个人似的，他结束了嘴皮子上的春秋大梦，整个人像从天堂掉入了地狱。公司开会时，李华旭一副闷闷不乐的样子，懒得做决定，一切交给副总——他堂弟处理。渐渐地，他越来越少出现在办公室，整天待在家里，常常躺在床上，什么都不做，一躺就是一天，家人劝他出门散散心，他也懒得动。身边人异常诧异，原本那个侃侃而谈、满怀志气，一定要继续成就一番事业，让前妻不再把他看扁的斗士，怎么一下子变成了泄了气的皮球，志气全无，甚至开始悲观绝望起来。

几个月过去，李华旭又像变了一个人一样，他早起晚睡地工作，把所有心思都投入到赚钱上，同时也变得脾气暴躁，动辄发火，与他合作许久的供应商也被他喜怒无常的性情惹恼了，中断了他们的合作。在堂弟介绍下，李华旭先后和两个女人考虑再婚，只可惜后来都不了了之，他也没有说明具体原因。据办公室里爱八卦的阿姨级员工猜测："像李华旭这样的男人，肯定有不可告人之处吧，不然的话，怎么那些女孩子只想做他的情人，不想跟他结婚。"八卦女们不知道，李华旭的不可告人之处是：他是一个病人，他得了躁狂抑郁症。

上文中我们讨论了抑郁症的可怕之处，躁狂抑郁症即同时伴有抑郁症状和躁狂症状的心境障碍。病人在躁狂发作时表现为联想丰富，交谈增加，自我感觉良好，自我评价过高，易兴奋，心情愉快，精力旺盛，性欲亢进，休息和睡眠的需要减少，注意易分散，焦躁不安，易激越，过分涉足舒适活动或易产生刺激性、攻击性和破坏性的行为……总体来说，躁狂发作表现为"三高"：情绪高涨、思维活跃、活动增加。

与躁狂发作的"三高"相对应，抑郁发作是"三低"，即情绪低落、思维迟钝、行为减少。患者兴趣减退甚至丧失，常生无望无助感，自我评价过低，感到生活没有意义，严重的抑郁发作伴有精神病症状，如幻觉、妄想。抑郁发作伴随高比例的自杀意念和自杀行为，没有自杀，也会伴随酗酒、吸毒、自伤等行为。

躁狂抑郁症以躁狂、抑郁交替出现为典型特征，躁狂发作一般持续两周到五周，抑郁发作则要躁狂发作持续时间长，平均有六个月之久。躁狂抑郁症的发作通常存在明确的应激生活事件或精神创伤，如案例中的李华旭，他因为婚姻失败和事业危机刺激出现了躁狂抑郁症。在心境障碍中，躁狂抑郁症不如抑郁症多见，但是患者在至少两件事里持续交替出现躁狂症状和抑郁症状，在轻度躁狂阶段，患者可以正常生活，如果抑郁症状进入中度抑郁，往往会干扰到患者的正常生活。

为什么好好的一个人会陷入冰与火的双重天之地？到目前为止，并没有明确清楚的病因分析。目前研究者从生物学、心理学和社会文化角度分析躁狂抑郁的成因。比如生物学方面的原因，如家族病史的研究表现，躁狂抑郁症病人的直系亲属比非躁狂抑郁症病人的直系亲属患病概率更高；另有神经递质调节紊乱，大脑异常，激素分泌异常等说法。心理学理论研究抑郁症的针对性比较强，对躁狂抑郁症的成因研究存在异议。

抑郁之所以抑郁——可能的原因

抑郁症的发生有很多方面原因，心理学的行为主义理论认为，抑郁症其实是人对消极事件的反应，包括关系破裂、失去爱人、失业、重病等等。任何人在经历消极事件时都会表现出抑郁症的症状，但是抑郁症患者更容易在生活中承受长期的压力，比如六个月以上。认知理论认为，悲观的思维方式也会让人陷入抑郁，有些人长期从悲观的角度看待事情，就像那个著名的半杯水的例子，有的人看到了还剩半杯水，有的人则看到了只剩半杯水了。眼睛所见皆是内心反应，难以逃脱悲观思维，恐怕也难以逃脱抑郁症了。

抑郁症患者错误思维方式不只是消极悲观，还包括全或无的思维方式，认为事情是非黑即白的，完美的反面就是十足的失败者；心理渗透即看待事情不能全面，而是抓住单一的消极细节不放，就像一滴墨水污染了一杯水，因为一点消极的体验就把整件事往消极不快的方向考虑。

错误的归因方式亦会让人陷入在消极情绪中。所谓归因，即人们对他人或自己行为原因的推论过程，有人将所有失败归因于自己，"是我不够好，走到这一步都是我自己的错"，有人将原因归于环境或他人，如"如果不是对手太强，我怎么可能失败""都怪这糟糕的天气，说下雨就下雨，把我所有的努力都浇没了"……

虽然常常怪罪自己，甚至错怪自己，但是研究表明，抑郁症病人似乎对现实情况有更准确的判断，这种判断力被称为"抑郁现实主义"。面对同样一个不可控制的情境，抑郁症患者能够做出相当准确的判断，而非抑郁症患者往往高估自己的控制能力。当然，不现实地认为自己无法控制环境，对自己和世界持有持久的悲观想法也是抑郁之所以抑郁的原因。

心理动力学自然习惯与人的童年期遭遇有关。理论家认为，在童年期没能在与他人关系中寻找到认同和安全感的成年人，在与他人建立关系时继续担心分离和被抛弃，他们宁愿忍受屈辱、承受虐待，不愿意面对一段亲密关系的破裂，为了获得他人的爱，他们严格地要求自己，不断追求完美，可是，固化的心理模式让他们即使在成绩卓著、功成名就时依然缺乏安全感和自信心，一段亲密关系出现问题或破裂，抑郁症不请自来。

在弗洛伊德看来，抑郁症患者对自己表现出强烈的憎恨或自责，他们或许在惩罚自己，甚至想过杀死自己。不过，他们可能不是在惩罚自己，而是在惩罚那些要抛弃他们的人，他们的自责和惩罚实际上是对抛弃他的人的责备和惩罚。抑郁症患者倾向表现出以下个性特征：依赖他人，追求完美，自卑，无法公开表达愤怒。

理论家在心理动力学之外提出了抑郁症的人际理论。人际理论认为，人们的亲密关系以及人们在亲密关系中扮演的角色在心理健康方面至关重要，而亲密关系的紊乱是抑郁发作的重要原因。比如认为自己婚姻美满的女人突然发现她的男人有了外遇，而且做出了抛妻弃子的打算，长期维持的亲密关系突然受到扰乱，抑郁症便发生了。

从社会文化角度看待抑郁症，可以从世代效应、社会地位和文化差异等方面进行解读。调查显示，随着社会的不断变化，年轻人患抑郁症的概率高于早几代出生的人，这便是世代效应。出生于不同历史时期的人罹患精神疾病的概率不尽相同。另外，社会地位较低者更容易出现抑郁症状。男女相比，女性抑郁症高发，这也和社会地位低下有关，女性处在社会地位较低的生活状态使得她们更容易遭受身体伤害、精神伤害和性伤害，这些经历往往导致抑郁。比较社会文化，工业化程度高的社会，中度抑郁的流行率更高，在快节奏、缺乏稳定社会支持的发达国家，人们承受更高的抑郁风险，在欠发达的国家，人们或许承受更多肉体上的痛苦，心理健康水平较高。

抑郁作为流行语——社会认知

"今天，你抑郁了吗？"这句话听起来像自嘲，带点自我调侃的味道，对于忙碌的现代人，不可避免会出现这样那样的心理问题，当人们逐渐关注其心理健康，"今天，你抑郁了吗？"式的调侃成了流行语，其功效如同"嘿，吃了吗？"差不多。

在心理学全面发展只有几十年历史的中国，人们对"抑郁症"的了解多是从社会名人的抑郁开始的。因为他们被众人熟知，有知名度，有影响力，看客们从这件事中看到了另外一个玄机，比如张国荣的自杀，歌迷影迷们心碎于偶像的突然辞世，路人则看到，"咦，抑郁症是什么东西"。

在大陆，让人们将"抑郁"与其联系在一起的名人非崔永元莫属。2005年，告别电视节目许久的崔永元在朱军主持的《艺术人生》中敞开心扉，第一次谈到了自己的经历，他曾经患过抑郁症，而且是非常严重的那种抑郁症——重度抑郁症。他当年离开《实话实说》，也是因为抑郁症。崔永元说："我主要的问题就是睡眠障碍，睡不着觉，这个特别痛苦。我的黑夜要比一般人的黑夜漫长两到三倍，我每天都能看到天是怎么亮的，那个时候是我最绝望的时候。"

崔永元也谈到，一个抑郁症患者想到死亡，他会特别快乐，因为死亡是痛苦的结束，是一种解脱。正因为他有这样奇特的想法，所以他才是病人。在节目中，崔永元不忌讳大谈个人隐私，并且呼吁社会大众对抑郁症患者的关注。"所有人都应关心抑郁症患者,不要歧视他们;抑郁症患者一定要去看医生,争取早日摆脱抑郁症的痛苦和折磨。"

说起小崔的抑郁,要从使他为人熟知的《实话实说》说起。1996 年,崔永元凭借主持中央电视台的《实话实说》栏目而一举成名,受到观众的喜爱。作为《东方时空》的特别节目,崔永元凭借他的幽默、机智和带着坏相的笑给观众留下了深刻的印象,也让《东方时空》这个节目越来越好,越来越火。不过,在节目火爆的同时,危机逐渐显露出来。崔永元为了将节目做得一期比一期好,花费大量心思和精力,直接导致抑郁症的出现,而他抑郁的主要症状是失眠。

崔永元并不是突然开始失眠,他从小就有失眠的毛病,而且,他姥姥和他母亲都有过失眠症的经历。考大学时,崔永元就失眠过,晚上盯着天花板,越是想睡越是睡不着。他对考大学投入了太多,父母对他的期望也很大,千军万马过独木桥,不容闪失。幸好他如愿考上了北京广播学院,后来又曲折地进了中央电视台。

在《实话实说》之前,崔永元并不觉得自己能面对镜头,成为电视节目主持人。他并不是像水均益那般英俊帅气的男人,他有自知之明。巧的是,那时候正红火的《东方时空》主持人也不是帅哥坏子,多多少少给了崔永元信心。《实话实说》火了之后,崔永元信心倍增,同时对节目投入更多。他比任何人都希望把节目办好,为此,他找来大量国外资料,整天研究,还与同事一起讨论节目风格、策划每一期的话题。一期节目结束,他开始关注收视率、观众的反映和媒体评论,如此一来,绷紧的弦从来没有放松的机会,反而随着节目越来越火,他的精神压力越来越大。

崔永元是一个爱钻牛角尖的人,只要听到有人批评《实话实说》,他就会很紧张,一定要找出原因,力争在下一期做得更好。他总是想着工作的事,总怕自己有什么事情没做好。对自己过分苛刻，加上过度劳累，崔永元的抑郁症越来越严重了。在《艺术人生》节目中，已经积极配合医生接受治疗、正在康复过程中的崔永元说，他约康复和家人的培养与支持离不开。他的老父亲，在他搬进书房去住时跟着他一起，在书房里放了一张单人床，在他站在窗口发呆时一把把他抱住。在接近精神崩溃时，崔永元的父母要求他离开工作，一切以健康为主，也是在父母的陪伴下，他开始了心理治疗。

2005 年到 2017 年，十多年过来，崔永元已经从抑郁症中康复过来，开始了新的战斗。因为有类似崔永元这样的社会名人直言不讳地对大众谈起"抑郁症"，也让"抑郁症"这一疾病被更多人熟知。虽然还有人将抑郁等同于"心情不好""钻牛角尖"，但是更多人不再将"抑郁"看作小事情，而是应该谨慎对待的疾病。只可惜，很多人秉持讳疾忌医的态度，认为得了抑郁症是一件丢人的事，不肯积极面对，也不愿意对外张扬。而那些抑郁症患者的身边人、邻居、同事、亲戚朋友，不少人用恐惧、疏远、歧视、排斥对待病人，甚至学校、工作单位也会用有色眼镜看待抑郁症患者。

这可能是国人的双重标准，同样一件事，发生在自己身上和发生在他人身上永远是两码事。如许子东老师的态度，他以开放的态度对待同性恋群体，却不希望自己的后代是同性恋，"如果那样的话，我希望我自己是同性恋"。这个双重标准可以放在许多人们避之不及的话题上，如艾滋病、如抑郁症、如 LGBT 群体。

据《2016 年心理咨询行业报告》，国民对心理咨询服务的需求正在逐年增加，其中沿海经济发达地区，尤其是上海、北京这样的国际都市对心理服务的需求尤其强烈。在各个年龄段关注的问题中，尤其心理健康问题关注程度最大，如焦虑、抑郁、恐惧等。人们的关注代表社会大众对心理健康问题投入精力和时间，但不代表他们的认知充分，态度开放，况且，民众的需求和卫生服务的不匹配也反映出官方对心理疾病的关注并不高。

　　据中国疾病预防控制中心精神卫生中心公布的数据，我国的精神科医生不过两万人，精神障碍患者却有一千多万，医患比例严重失衡，导致七成的重度精神病人得不到规范的治疗。另外，由于国人习惯生活在"朋友圈"之中，即使不幸患上了抑郁症，首先求助的是亲人，其次是朋友，最后才是医生。这个顺序正好和国外的求医模式反过来，这有文化的因素，也有人们对抑郁症认识不足的因素——抑郁症是病，得治！

第六章

透视心灵面具——人格障碍

是天才，也是狂徒——偏执型人格障碍

　　一个月三次出入精神科，张毅和精神科的医生、护士算是结下梁子了。回到家里，逢人来看望他，他就跟人讲："医生的话你一个字都不能听，全是胡说八道，他们不过想着法儿骗我住院，之后再拐着弯儿把我送精神病院去，我是不会让他们得逞的。我这脑子清醒着呢，想骗我，门儿都没有。"

　　一心防着"被骗"的张毅在老婆、女儿的要求下去看医生，但是他从来不相信医生，也不肯配合精神检查。和医生聊天，他戒备心特别强，闪烁其词，每一个问题都在顾左右而言他，遇到他实在不耐烦的时候，张毅厉声道："这些你们不需要知道，我的事情我自己负责。"第三次到医院见医生，张毅干脆在诊室里发起脾气来，对医生、护士破口大骂，若不是他老婆拦着，张毅准备把诊室的玻璃砸了。

　　到此为止，没人再敢提带张毅去医院的话题，他妻子提去看医生，他当下火冒三丈，道："你是想着我把送精神病院去，你好马上换个老公，是不是？"如果女儿提"看病"的话题，张毅则威胁要与女儿断绝父女关系。与朋友谈话时谈到气愤难耐，张毅计划起诉精神科的医生和护士，告他们以权谋私，联合他妻子一起谋害他。

　　张毅的"不正常"从多年前便开始了，按照他哥哥张德的说法，"他从小就古古怪怪地，不相信任何人，就信他自己"。共同生活十五年的妻子淑芬结婚后不久便发现了张毅的"与众不同"，不管大事小情，淑芬不能和他讲道理，人家都说"真理越辩越明"，在张毅身上丝毫不起作用，淑芬不能提反对意见，只要是不顺从他意思的，他就认为淑芬在和他对着干，故意给他找茬。

更令人无法接受的是，张毅不允许淑芬和男同事走得太近，多年来，因为淑芬与一位男同事一起出差香港一个月，张毅不断怀疑他们之间的关系，不论淑芬如何解释、抗议，他始终固执己见，以至于淑芬不得不与那位男同事刻意疏远，伤害了彼此的革命情谊。

工作中，张毅多年里在政府部门担任科长，由于他性格古怪，多次得罪领导，同事纷纷对他敬而远之，领导对他爱理不理，从而使得他升迁无望。对此，张毅诸多抱怨，"那个小李，长个猪一样的脑子，排队也排不到他头上，领导升他根本就是成心跟我过不去，谁都知道我最烦的就是溜须拍马的狗腿子了"。提起他多年来工作磕磕绊绊，张毅说："若不是有小人在领导面前告状，我怎么会当个小科长一当就是十二年，我都知道是谁，大家走着瞧。"

虽然张毅方方面面像个刺猬一般，以怀疑和猜忌伤害他人，他却常把自己视为受害者。自从他的老父亲去世后，他和兄弟姐妹渐渐疏远，他说："这个世界上，没有人真正理解我，也没有懂我。"他的妻子、女儿希望他住进医院接受治疗，他把这件事解读为母女俩的"居心叵测"，为此，他对女儿心生怨恨，两人的关系紧张，持续了很长时间。

末了，张毅实在太磨人，让他妻子淑芬忍无可忍，女儿上大学之后，张毅被淑芬强制性地送到了精神病院。最开始，张毅异常愤怒，只要找到机会，便出言恐吓医生，说他要请律师起诉医院、医生，还要起诉他的妻子和女儿。接受一段时间的药物治疗之后，张毅才表现出一点依从，在心理治疗介入下，他的思维方式也有所改善，但是依然对他人缺乏信任。

人格是每个人特有的行为、思维、信念和感觉方式的总和，一般不会随着时间和环境的变化而发生改变。如果一个人在思维、行为和感受上长期存在的模式对本人和周围的其他人造成负面影响，便是人格障碍。上述案例中的患者张毅便是偏执型人格障碍的典型。

张毅不仅敏感多疑、心胸狭隘，而且缺乏自知力，不能正确、客观地分析形势，也不能正确看待自己，无缘无故地怀疑配偶的不忠，无法保持家庭和睦。偏执型人格障碍患者还有其他方面的症状表现，如爱嫉妒，对别人获得成就或荣誉感到紧张不安，妒火中烧，不是寻衅争吵，就是在背后说风凉话或公开抱怨和指责别人；自以为是，自命不凡，对自己的能力估计过高，惯于把失败和责任归咎于他人，在工作和学业上言过其实；自卑，总是过多过高地要求别人，但从来不信任别人的动机和愿望，认为别人心存不良。

偏执型人格障碍最关键的表现是多疑，不相信任何人。正常情况下，每个人都会体验怀疑、警惕，探求他人隐藏动机，不相信他人的心理状态，在特殊情况下，这是自我保护的方式。但是偏执型人格障碍以多疑、不信任对待一切现实。在偏执型人格障碍患者眼中，他们是正直的、纯洁的、高贵的和脆弱的，容易被骗、遭受不公平的待遇，他人则是狡诈的、伪善的、别有企图的。时常担心被害的患者神经处在警惕状态，时刻提防别人，以敌视、愤怒、控诉或攻击行为保卫自己不受他人的操控、贬低、侮辱、伤害等。

临床诊断中，偏执型人格障碍并不多见，但是日常生活中，偏执型人格障碍者正经历着异常糟糕的人际关系，他们不能和周围人融洽相处，家庭不和睦，患者孤僻冷漠，与现实生活隔离，生活在夸大了的妄想当中。与这类人共处，要么选择忍耐，要么敬而远之。

偏执型人格障碍患者在非危机时刻绝不会主动寻医，由于对他人的不信任，即使他人认为其应当接受治疗，对自身状态的不自知也会掩盖他们对偏执狂状态的察觉。治疗过程中，治疗师与偏执狂的交流最为困难，如果不能获得患者的信任，任何高明的治疗师只能缴械投降。获得信任之后，治疗师当以冷静、尊重、直率的态度面对患者，且不要试图与患者建立良好的私人关系，这样很容易被患者"奇特的脑回路"误解。

人格障碍是没有办法治愈的，偏执型人格障碍也不例外。治疗师以减少患者对他人和外界的敌意、恐惧为第一要义，用认知治疗法提高患者的自我感知力，提高他们的社交技巧。如果患者能以一种新的思维方式定义所处环境，患者在生活中遭受的痛苦——可能是被害妄想带来的痛苦会减少很多。

话说回来，偏执型人格障碍虽然被定义为异常，但不影响这类人在人类文明发展中创造奇迹，当然，前提是那些奇迹制造者们尚未进入到影响社会功能的病态阶段。知名的偏执狂当属苹果创作者史蒂夫·乔布斯，乔布斯被人尊为天才，另一方面，他是一个狂徒。在缔造苹果神话的同时，与他一起工作的人却叫苦不迭。

据心理学博士岳晓东研究，北宋文学家、政治家王安石也具有偏执型人格特质。他在"熙宁变法"中独断专行，我行我素，既不善听取不同意见，也不善团结各方面力量，因而树敌过多，导致朝中大臣多与他决裂，最终因人废事，使得变法以失败告终。

养出来的疯子——反社会型人格障碍

2003 年，一位来自湖南浏阳葛家乡的女子宋某经人介绍认识了一位年纪相仿的同乡男子叶某，二人很快坠入爱河，不到一年，二人携手步入婚姻殿堂，婚后养育了一个儿子。没想到，七年后，女子命丧她丈夫的手中，尸体还被肢解，用食盐腌制了两年。

事情要从"人体腌肉"被意外发现开始讲起。2012 年 6 月，在宋先生一家居住的小区里，小区的住户一直闻到若隐若现的一股酸臭味，开始以为是死了老鼠，但是查找不到原因。后来，有住户请清洁工人上门做打扫，意外地，清洁工上了小区的顶楼天台，循着气味找到白色泡沫箱，打开一看，里面装的是尸块，因为高度腐烂，惨不忍睹。清洁工报案后，警察到场，确认死者是女性，但是尸体腐败严重，无法判断年龄。破案过程颇为简单，当晚九点，叶某主动投案自首，并承认，自己就是被害人的丈夫。

叶某杀人的动机很简单，2010 年 7 月，喝了点酒的叶某回到家后与妻子发生争吵，争吵过程中，妻子在回房间的过程中推倒了他的患有老年痴呆的母亲，一怒之下，他将妻子掐死。担心被人发现，叶某把尸体拖入厕所，肢解后藏到了装蔬菜的泡沫箱内，藏到了楼顶的水池中。为了防止尸块发臭腐烂，他先后买了两百包食盐对尸体进行腌制。

在死者"失踪"的两年里，他利用贼喊捉贼的伎俩，巧妙地掩盖他的杀人犯身份。在死者家人得知她"离家出走"后，叶某跟随岳丈到派出所报案，死者的信息被录入失踪人口管理系统中。案发一个月后，死者妹妹上门要人，叶某一边继续以"离家出走"为借口推脱，一边带着儿子到处贴寻人启事，戏份做足。死者家人去了许多她可能去的地方，叶某毫不避讳地跟着一同找人，前后找了两个多月。时间久了，死者家人逐渐接受"离家出走"的事实，不再上门要人。

如果不是清洁工的意外发现，叶某这套演技可以等着拿奥斯卡金像奖了。叶某归案后，案件于2013年4月开庭审理，叶某医犯故意杀人罪一审被判处死刑，剥夺政治权利终身。在自首之前，叶某目睹了警察将装有妻子尸块的泡沫箱取出来的过程，他当即选择逃跑，后来在亲友的劝说下选择了自首。他心存侥幸，以为自首能保住一条命，给他机会看着正在读小学的儿子长大成人。据说，不明所以的孩子在庭审时看到他爸爸给警察用铁链锁着，当庭号啕大哭，不知道若干年后，等他得知他的父亲杀死了他的母亲，他的人生会走向何处？

说起来，这位杀人的叶某并不是纯良之辈，一时失手才杀死妻子。

结婚六年里，叶某多次对妻子拳脚相向，曾经把妻子打到住院十八次，甚至在她怀孕期间也不收敛。在死者留下的日记里，可以看到她虽然遭受叶某的暴力对待，却在忍气吞声中期待着生活能变得美好，她写道："把这个家搞好"，"过好日子"，"我突然有个想法，想把自己的门面收回做生意……开个豆浆店"……在写下这些话后的一个多月，她死在了叶某的手中。

媒体报道中并未提及他的精神状况，可见他并非因精神疾病而杀人。但是我们可以从种种途径的反馈中了解这个人的人格特征。叶某有长期对妻子实施暴力的倾向，此外，据叶某的邻居说，他的工作是在菜市场收摊位费，脾气不怎么好，也很少和人说话，以前还经常和人打架。死者的日记中还提到叶某曾经在众多男性在场的情况下撕烂她的睡衣。我们可以怀疑，叶某一定程度地患有反社会人格障碍。

反社会人格障碍并不一定是"反社会"的，它表现为人际关系上的冷酷，与他人斗争，用侮辱他人、伤害他人的方式获得快感，在攻击、谋杀和强奸案件中，反社会人格障碍者居多。一定程度上，反社会人格障碍者能够表现得优雅有礼、令人愉快，但是他们的真实面孔是无礼、残暴和傲慢。电影《沉默的羔羊》中安东尼·霍普金斯扮演的汉尼拔就是典型的反社会人格障碍者。

反社会人格障碍者不能控制自己的行动，他们行事冲动，丝毫不考虑冲动行为可能带来的后果。他们追求刺激，不讨论危险，脾气暴躁，容易变得厌倦和不耐烦。稳定的婚姻或恋爱关系令他们感到厌烦，于是，反社会人格障碍者习惯从一段关系到另一段关系。他们从事社会地位低、收入不高的工作，还可能参与犯罪活动，监狱中的在押犯人，一半以上的男性犯人都是反社会人格障碍者。

反社会人格障碍者中，一个极端是罪犯，另一个极端是成功的商人或职业人士。这些人不会在监狱中度过余生，也不会走进精神病院，他们带着一副符合社会价值观的面具，利用社交上的魅力，达到不可告人的目的。更可怕的是，反社会人格障碍者往往是具有吸引力的，如《天生杀人狂》中伍迪·哈里森扮演的米基，一句"我纯洁的一刻，足以胜过你充满谎言的一生"，颠覆了许多人的价值观，也为他吸收了众多忠实拥趸。

俗话说，男人不坏，女人不爱。在爱上"坏男人"之前，恐怕许多女孩并不知道真正的坏男人是什么模样。很可能，让人怦然心动的男性气质和桀骜不驯的潇洒的面具背后，他其实是一个反社会人格障碍者。所以，选择"坏男人"一样要擦亮眼睛，如果他情绪不稳定，很容易激动，时而温柔似水，时而勃然大怒，甚至有暴力倾向，最好敬而远之，否则，不知道哪天就变成"生死恋"了。

据统计，反社会人格障碍者中，男性数量远远高于女性，比例在 5 ∶ 1 左右，而且，反社会人格障碍者普遍存在药物滥用的倾向，比如酗酒。酒精可以激活神经，满足他们的冲动行为，同时，酒精还能降低他们对自己的行为控制能力，从而更加肆无忌惮地去侵犯、伤害他人。和其他人格障碍一样，反社会型人格障碍是最稳定的人格特征之一，患者往往从童年期开始便存在品型障碍，如旷课、逃学、骗钱、说谎、过早性行为、滥交……他们比同龄的孩子更具有攻击性，能动手绝不吵架，缺乏羞惭感。导致反社会型人格障碍的因素很多，家庭环境和父母教养占主导地位，如父母家庭破裂、遭到遗弃、忽视、缺乏情感上的照顾和爱护等等。

一部分心理学家认为，反社会人格障碍者是"养出来"的，父母教养、教育、培养的是孩子的人性，而反社会人格障碍者缺乏的正是人性。人处在幼年阶段，完全没有"人性"，他们以动物本能存在，吃喝拉撒，打人咬人，摔东西，并且没有内疚感。养育过程中，父母对孩子的培养逐渐养出人的"人性"，用人性来压制动物性，人拥有了道德感，发展情感，会对自己做过的事情产生欣喜、内疚、羞耻等反馈。

如果没有经历过教养过程，或者童年期遭受过虐待、性侵犯等伤害，人是无法变成"人"的。他们可能智力正常，还可能长相帅气迷人，但是他们对暴力、杀人等行为没有愧疚感，对他人造成的情感、尊严方面的损害更不会心有戚戚。一个没有被爱过的人不会懂得爱人，一个只懂得伤害的人自然对伤害他人熟悉不过。

至于反社会人格障碍者的治疗，患者不会主动寻求治疗，除非出现婚姻不和、工作冲突、暴力伤害等被迫接受治疗。由于反社会人格障碍者倾向于将责任推给他人，不进行自我反省，尚且没有针对反社会人格障碍者的有效治疗方法。部分治疗师采用五羟色胺再摄取抑制剂类药物，但是药物治疗的效果如何目前不明。

走在幸福边上——边缘型人格障碍

第一次进民政局，悠悠从大学生变成人妻，第二次进民政局，悠悠从人妻变"失魂女"，短短三年时间，想来真是讽刺。闺密苏希为她定了餐厅，陪她庆祝终于脱离苦海，重获自由。悠悠还没有体会到重获自由的喜悦，理智告诉她，她应该是脱离苦海了。

悠悠与前夫吴磊相识五年，谈了两年恋爱，结婚三年零三个月，五年多的时间里，悠悠跟着吴磊坐了五年的"情感过山车"，好险保住了一条命，悠悠赶紧跟双方父母通报，她要离婚，同时向法院提出起诉。说起吴磊，他除了不是一个好情人，不是一个好丈夫之外，其他方面都还不错。悠悠与他大学同校，不同专业，在悠悠身边所有朋友中，吴磊算顶聪明的一个，智商很高，读书很好，悠悠第一次见到他时，被他的温文尔雅吸引，认定他是一个稳重、可靠的人，哪知道深入了解后，真实的吴磊让她大吃一惊，差点儿吓破了胆儿。

恋爱时，两人的感情很好，每天如胶似漆地黏在一起。悠悠觉得吴磊是上天赐给她的礼物，再没有另外一个人像他那样了解她、懂得她，想她之所想，为她之所为，而且，吴磊常带她见识各种各样的新玩意儿，拓宽她的知识面。到了实习阶段，他们分隔两地，彼此都很忙，腻在一起的时间变少了，但是他们每天都通电话，晚上睡觉之前视频聊天。

结婚之前，吴磊和悠悠只闹过一次分手。临近毕业，吴磊突然跟悠悠提分手，吴磊说他想把更多时间放在工作上，悠悠不是死缠烂打纠缠不休的女孩，爽快地同意分手，此后没有联系他。可是吴磊依然三不五时地给她打电话，有时候说着说着就哭起来，悠悠搞不清楚他到底怎么了，被他折磨了一个月后，悠悠飞到他的城市，想要当面问清楚，没想到听到吴磊可怜兮兮地问她道："你到底爱不爱我？"

悠悠无辜地说："我爱啊，是你不爱我了，是你提分手的嘛！"

两人聊了很久，吴磊才说出他的内心想法，原来他认为悠悠不再爱他了，所以才主动提出了分手。他从来没有被人甩过，每一次恋爱，只要他看状况不对，他一定会主动提出分手，因为他最怕的就是被人抛弃。一段插曲过去，悠悠很感激由此更进一步，吴磊跟她求婚，她自然而然地答应，于是，他们成了未拿到毕业证便拿了结婚证的大学生。

悠悠以为结婚是幸福开心的开始，不料却陷入了千百个痛苦纠缠的岁月。平日里，吴磊对悠悠甜言蜜语，你侬我侬，只要出了事情，悠悠永远是被指责、被怪罪的一方。悠悠接不到他的电话，就要受他的一番训斥，说她重视工作胜过重视他；悠悠的姑妈要去她家探望，悠悠忘记跟吴磊打招呼便惹来一通关于尊重和不尊重的争吵；为了不跟他吵架，悠悠自顾自地玩手机，吴磊也会觉得自己受到了侮辱，"为什么我一个大活人站在你面前，你不跟我聊天，却和网上的陌生人聊天"……

吵架通常以悠悠赌咒发誓地说永远爱他，永远把他放在心上为结局。有一次，悠悠不想如往常那般像宠小孩子一样宠着吴磊，他听了悠悠的绝情话之后绝望、愤怒到极点，威胁说"你再这样对我，我就死给你看"。悠悠没有放在心上，不想吴磊当晚便在浴室里割腕自杀。三年里，吴磊尝试过多次自杀，不是吞消毒液，就是割腕，他还用烟头在胳膊上烧出了十个疤痕。

吴磊的自杀闹剧吓坏了悠悠，她说话做事小心翼翼，生怕哪句话伤到他，惹得他情绪波动，又闹起脾气来。有一阵子，悠悠每天做梦，梦见她从一片血泊中醒来，发现躺在她身边的吴磊脖子上有一条长长的伤口，他的血流得她满身都是。如此继续下去，悠悠生怕即使吴磊没有自杀成功，她也会抑郁而死。在咨询过心理治疗师后，悠悠得知吴磊可能是边缘型人格障碍，悠悠把这个消息告诉她的公公婆婆后，同时告知他们她想要离婚的想法，三个月后，吴磊的爸妈搬到他家与他一起生活，悠悠则红本换绿本，告别了一段五味杂陈的短暂婚姻。

英文中边缘型人格障碍的术语是 Borderline Personality Disorder，简称 BPD。所谓"边缘"，即处在边界上，可以看作病态，也可以看作非病态，通俗来说就是看起来像是没病，然而实质上却又有病。关于边缘型人格障碍的症状如下：

1. 疯狂努力以避免真实或想象中的被放弃。

2. 不稳定且紧张的人际关系模式，特征为变换在过度理想化及否定其价值两个极端之间。

3. 认同障碍。

4. 至少两方面可能导致自我伤害的冲动行为。

5. 一再自杀的行为、姿态、威胁，或自伤行为。

6. 由于心情过度易于反应，情感表现不稳定。

7. 长期感到空虚。

8. 不合适的强烈愤怒，或对愤怒难以控制。

边缘型人格障碍的主要特点即不稳定。患者时而焦虑，时而抑郁，情绪不稳定；患者时而自我怀疑，时而非常自负，自我概念不稳定；患者有时对人极端崇拜，有时又非常鄙视之，人际关系不稳定。此外，患者还有一种可怕的被抛弃的恐惧，常常将他人的无意行为解读为拒绝、忽视或抛弃，比如像案例中的吴磊那样，悠悠没有接到他的电话便被解读为不重视他，从而表现出突如其来的愤怒。

边缘型人格障碍者在行为方面存在自伤或自杀倾向。他们用割伤、烧伤等方式伤害自己，用服毒、割腕、上吊等方式尝试自杀。但边缘型人格障碍者在自伤或者自杀时常常不记得自己做过的事，他们"失忆"，不记得自己是谁，同时失去时间感觉。经过诊断的边缘型人格障碍者在第一年或第二年后自杀风险最大。在人群中，边缘型人格障碍者所占比例不高，但是女性多过男性，有色人种多过白人，社会地位低的人多过社会地位高的人。

夫妻关系中，如果伴侣是边缘型人格障碍者，另一方就要遭殃了。由于边缘型人格障碍者内心非常脆弱，总是有极度的、异常的恐惧被抛弃的感觉，他们有时会幻想自己被抛弃的场景，让自己以为真的发生了，然后开始放任情绪，或者大吵大闹，或者哭起来没完，还会做一些歇斯底里的事情。他们做的一切折磨人的行为都是为了改变被抛弃的结局，可是一切都是患者臆想中的，患者从幻想中感受痛苦，他们的伴侣则经历着实实在在的身心折磨。

至于边缘型人格障碍者的治疗，主要以帮助患者获得更加现实、积极的自我意识为主，让患者学会适应人际沟通，懂得解决问题、调节情绪，从非黑即白的二分逻辑中走出来。让患者建立自信，从而能够自如地表达内心需要和情绪。药物方面，主要通过抗焦虑药和抗抑郁药来减轻患者的焦虑和抑郁症状。药物起辅助作用，更大的改变依然要借助认知行为技术。不过，患者的改变往往是缓慢的，或者是难以察觉的，而且大部分人（60% 左右）不能坚持接受治疗。

躲进小楼成一统——回避型人格障碍

借着公司聚餐的机会，子祥与各个部门的经理、副经理喝了三个小时的酒。唱了一晚上 KTV，子祥与部门里的小兄弟续摊吃烤串，又喝了三个小时的酒，折腾到凌晨两点多，终于吃好喝好，上下尽兴。子祥叫车把两个小兄弟送回家，等他回家时，迷醉已过，脑子异常清醒。

妻子和儿子已经睡下，子祥小心翼翼地脱鞋进屋，上了床，他刚一躺下，便听到妻子小声说："又是一身酒味，不想回来就不要回来了。"不知道她是跟子祥说，还是自言自语，子祥本想解释，见妻子翻过身去，留给他一个冰冷的背影，他张开了嘴，又闭上了。

醉酒的劲头一过，反而头不晕，胃不翻腾，脑子比白天更加活跃。子祥看着黑色的夜，思绪如夜色晕染开去，千条万条的委屈从心头涌来，子祥想不明白，他的生活怎么会变成这副样子？他和他的妻子好像走入了死胡同，不管他用什么方法，都无法找回最初的幸福。

子祥知道，他年轻的时候，拼事业，又贪玩，自从儿子出生之后，他在家里一分钟都待不住，宁愿跟朋友一起喝酒，打牌，也不想守在家里陪孩子。为此，妻子对他有些不满，妻子越是闹别扭，子祥越是不想回家，他和三五好友时常去泡吧，去按摩，以此纾解压力，打发时间，经常在外逗留到十二点之后才回到那个冰冷的家。

子祥觉得家里冰冷的另一个原因是妻子的冷淡，对他的冷淡，对夫妻生活的冷淡。多年来，子祥已经习惯了妻子冰冷的背影。最开始时，子祥尝试过放低姿态，与妻子修复关系，可是再次遇到争执、吵闹，妻子又变成了"冰公主"。她心里有火，但是从来不说出来，而是用冷战来表达，她对子祥不理不睬，不肯与他同房，短则一个星期，长则一个月，子祥多次想过离婚，可是眼看着唯一的儿子整日沉迷网络游戏，不顾功课，如果他和妻子再离婚，他不知道孩子以后会走到什么样的道路上去。

子祥很早就发现妻子的性格孤僻，但是不知道她会变成如此冷酷的女人。子祥的妻子没有什么朋友，平日里除了同事、亲戚，很少与人来往，甚至和她的表姐妹、堂姐妹也很少交流。节假日，她只是带孩子回老家看望公婆、父母，从来没有与姐妹、朋友相约出行，吃个饭，串个门之类的活动。对待子祥的哥们儿，她更加严格，自从一次子祥跟几个哥们儿在家里吃火锅，把房子搞得乱七八糟后，她就禁止他的朋友进家门。

有一段时间，子祥看了很多家庭治疗、夫妻关系之类的书，他想搞明白，一个家变成冰冷地狱，到底是他出了问题，还是他妻子出了问题。书里的"专家"各有各的看法，子祥亦没有找到最符合他家情况的解释，不过，他越来越怀疑妻子有人格障碍，在对比症状时，子祥发现妻子既符合偏执型人格障碍的条目，也符合回避型人格障碍的条目，还符合……这些他是没有胆量对妻子讲的，更不敢提看心理医生的话题，如果她心气儿不顺，很可能怼他一句：该看医生的是你吧？

根据诊断标准，回避型人格障碍包括以下特征：

1. 很容易因他人的批评或不赞同而受到伤害。

2. 除了至亲之外，没有好朋友或知心人（或仅有一个）。

3. 除非确信受欢迎，一般总是不愿卷入他人事务之中。

4. 行为退缩，对需要人际交往的社会活动或工作总是尽量逃避。

5. 自卑，在社交场合总是缄默无语，怕惹人笑话，怕回答不出问题。

6. 敏感羞涩，害怕在别人面前露出窘态。

7. 在做那些普通的但不在自己常规之中的事时，总是夸大潜在的困难、危险或可能的冒险。

只要满足以上四个特征，即可诊断为回避型人格。回避型人格障碍者最大的特点就是害怕他人的批评，因此，他们尽量避免和他人交流，以减少被人批评的可能性。当需要与人交流时，他们往往表现得比较拘谨、紧张，对他人可能出现的批评话语特别紧张，他们自己也担忧说出愚蠢的话或者令自己尴尬的话，从而选择不说话，或者少说话。

在他人眼中，回避型人格障碍者安静、害羞，经常一个人，他们可能工作出色，非常有效率，但是基本靠个人能力完成。他们永远是一个人去吃饭，从来不拉帮结伙，更不会参与他人的高谈阔论。在面对人际冲突时，回避型人格障碍者不喜欢用直来直去的方式解决问题，而是不理睬、拒绝沟通、冷战。

认知理论认为，回避型人格障碍者的回避态度和行为可能和幼年时期被重要的人拒绝的经历有关。如果孩子曾经遭受过父母的频繁拒绝，他们形成了小心翼翼的处事模式，因为"如果连妈妈都不喜欢我（小孩子把拒绝当作不喜欢，厌弃），还有谁会喜欢我"？对孩子来说，父母就是全部世界，父母的拒绝便是来自世界的拒绝。因此，回避型人格障碍者用拒绝与他人交流来防止被人拒绝。

在逼不得已的交流中，回避型人格障碍者常常表现得神经质，不自信，他们会低估他人的积极反馈，对消极反馈过分敏感，从而常在人际沟通中处在"受害者"的位置。像一位回避型人格障碍者的自述一般："我的人生很大一部分是在为别人而活——总是太看重别人的看法而委屈自己的感受。我害怕让别人伤心，害怕麻烦别人，害怕被别人批评……别人即使只是一句带有轻蔑语气的话，一个轻视的眼神，都会让我觉得不安，是不是我又不经意间做错什么了。"

　　临床实践证明，认知和行为疗法有助于治疗回避型人格障碍，治疗的目的是为了帮患者以更积极的心态接触社会环境，培训其社交技能，及时处理患者在社交情境中出现的消极想法。接受治疗后，患者在社交范围、社交频率方面有所增加，在社交活动中的舒适度和满意度也有增加。

第七章

吃货终结者——进食障碍

且愿残年饱吃饭——神经性厌食症

《礼记》里讲"饮食男女，人之大欲存焉"。这是古人对人生的看法，没有形而上的玄而又玄，不可理解，而是形而下的，实际的，世俗的人生追求。人的生命，不管思想高度如何，历史成就如何，不能离开两件事，即吃饭、性爱。在极限境遇下，人可舍弃性爱，不可舍弃吃饭，一个是为了物种延续，一个是为了保存个体，如果没得选择，自然先顾眼前，再顾未来。

在饥荒时代，吃口饭是生命的全部追求，生在和平年代的我们没有机会体会饥饿的滋味，更不会把每次吃饭当作是一天中最快乐的事，在肠胃过度饱和的年代，有一个群体的人不仅对吃不再感到欣喜，更是违背人的本性，"主动"选择不吃，对这群人来说"且愿残年饱吃饭，眼底是非都不管"既是最大的愿望，也是异常艰难实现的愿望。这群人正是神经性厌食症患者。

神经性厌食症患者在成为患者之前，以一个冠冕堂皇的理由减少食物摄取——减肥。他们经常让自己处在饥饿状态，很长时间里只吃很少的食物或者一点都不吃，进食的动因主要来自生存的需要和他人的压力，而且，他们坚持认为自己依然过于肥胖，需要减掉更多的重量。神经性厌食症患者的体重往往低于正常体重的15%，尽管体重越来越轻，患者仍然恐惧肥胖，他们对自己身体的看法是扭曲的，"我眼中的我"和"别人眼中的我"严重错位。

除了饮食上的控制，神经性厌食症患者还会用过量劳动、行程满满的时间表来保证卡路里的消耗，是故，神经性厌食症患者的身体长期处在疲劳状态。他们体弱无力、弱不禁风，却不肯放弃令自己筋疲力尽的生活方式。

　　神经性厌食症患者中，90%以上是女性。病症多发于青春期，半数女性在进入成年期后自己康复，但也有一些患者的厌食症伴随心理病理问题，比如抑郁症，因此病症持续多年。生理病态和心理病态结合起来，患者可引发一系列可怕的并发症，如心血管并发症，包括心率缓慢、心律不齐，心力衰竭；新陈代谢并发症包括皮肤变黄、味觉衰退、血糖过低；内分泌并发症包括闭经、性冷淡、阳痿。其他方面的并发症还有脱钙、牙齿腐烂、便秘、贫血、破伤风等，神经性厌食症患者的死亡率在5%~8%之间。

　　精神分析学家在治疗神经性厌食症时发现了导致这种疾病的心理动力原因——不良的家庭动力。神经性厌食症患者在消极的、无力的、缺乏控制感的环境下成长，对自己和家人的关系缺乏控制能力，而"对完美身体的不断追求"可以帮助患者获得一种控制感、力量感，从而在与家人关系中体验到力量。

　　2009年，河南省信阳市出现了一位饿死自己的23岁小伙杨锁，他因为把自己饿死在家里受到了媒体的关注，在他死后，他拥有了一个"天下第一"的称号：天下第一懒人。在后续的报道中，媒体喜欢把杨锁的死亡与"懒惰成性""父母溺爱""父母皆祸害"等关键词联系起来，甚至有人把他的故事拍成公益电影，强调父母溺爱与儿童成长之间的关系。

　　可是，事情真的这么简单吗？一个人的死亡，尤其是把自己饿死，真的那样简单地以一个"懒惰"就可以完全解读了？这样的解释未免过于简单粗暴。一个人在饥饿状态下什么都能吃，饥荒年代，草根树皮被灾民吃光，腰带皮鞋也成为锅中烹物，杨锁的懒惰可以战胜求生本能吗？除非他有病！可能他真的有病。

　　杨锁去世后，根据他的叔伯和邻居介绍，杨锁父母非常溺爱他，他8岁那年，出门还要父亲挑着他，13岁那年，杨锁父亲因为肝病去世，杨锁母亲仍然宠着他，一点农活也不让他干。于是，杨锁整天无所事事，他母亲承担一切农活和家务，因积劳成疾，在杨锁18岁那年，他母亲也去世了。父母都去世了，杨锁便卖光了家里所有值钱的东西，吃饭时到村里各家讨着吃，到他去世时，他把家里的床板当柴火烧掉，家徒四壁。

从其他人口中，我们可以看到杨锁的"懒惰级别"，"那么大的人了，你给他饭吃，他都想让你直接喂到他的嘴里"；"他从来不洗衣服，穿脏了就扔掉，再换一件。村里人给他的肉、菜，他都挂在屋檐上，一直放臭也不做来吃"；"吃到一顿饱饭后，他就一直睡，有时能睡一两天。饿到不行的时候，他再出门讨饭吃"……

懒惰与勤奋是针对人的社会性来说的，社会文化要求人要创造财富、发展自我、承担社会责任，可是对于人的动物性来说，拥有足够的水、食物、安全的休憩场所就足够了，并不需要进一步的"勤奋"。动物本能驱使我们获得基本的生理满足，而杨锁的"懒惰"强大到足以令他对抗求生本能吗？

杨锁的种种迹象，无法胜任工作（他曾经到建筑队当工人，在饭店当服务员，先后放弃），他懒到大便都在房间里解决——挖个坑埋掉（不过是人回归到动物），但却为了取暖烧光了家里的所有木头，包括家具，他很可能是厌食症伴随重度抑郁症。

厌食症令患者厌恶食物，身体消瘦，四肢无力，但是患者对自己的营养不良和糟糕的身体状况毫不关心；重度抑郁症患者对一切事物都不感兴趣，沉重的情绪抑郁使得患者拒绝进食，思维动作迟缓，少数人会出现木僵状态，患者感觉四肢沉重，无力抬举，进而整日卧床，不言不语，不动不吃。

杨锁在18岁经历了双亲去世，他的叔伯们只能为他提供饮食，介绍工作的机会，但没有人深入他的内心，体会他在被溺爱、宠溺了十八年后突然失去生命支撑后的心理状态。他的悲伤情绪，他对处理日常事务的无力感，他无法承受的独自一人的漫长人生。他拒绝成熟，拒绝承担责任，拒绝惘惘不知所措的未知命运，拒绝接受自已，这些可能成为他陷入抑郁的原因。

红烧牛肉加俩蛋——神经性暴食症

俗话说，不怕吃货吃得多，就怕吃货有文化！当吃货有文化，诗兴大发，一句句令人垂涎欲滴的句子便诞生了。比如"天若有情天亦老，吃块蛋糕好不好"，比如"春风又绿江南岸，红烧牛肉加俩蛋"，比如"君问归期未有期，来份吮指原味鸡"……这是吃货的自嗨，也是吃货的自嘲。当吃货把蛋糕、红烧肉、吮指原味鸡、麻辣火锅、巨无霸汉堡等照单全收，可能他们不是在作诗，而是在作践自己的胃。

吃货以嗜吃为爱好，以吃为美，当进食变得无法控制，体重增重，疾病群生，便是从吃货走到了神经性贪食症。按照诊断标准，神经性贪食症具有以下特征：其一，周期性的暴食。比如在两个小时内吃掉比平常人进食量多得多的食物；其二，反复使用一些不合适的手段，防止体重增加，比如诱导性呕吐、使用轻泻剂、利尿剂或其他泻药；其三，暴食和不合适的催泻行为同时发生，在三个月内平均或至少每周两次；其四，患者的自我评价过度受到体形和体重的影响。

神经性贪食症多发于 15 岁到 29 岁之间，患者体重正常或者微重。在死亡率上，神经性贪食症不如神经性厌食症患者那么高，但它仍然会引发身体的诸多并发症。比如牙齿腐坏，牙医很容易发现神经性贪食症的症状，因为经常性的诱导性呕吐会使胃酸腐蚀牙齿。最严重的并发症莫过于电解质失衡，电解质是一种帮助调节心脏功能的生物化学物质，电解质失衡可能导致心力衰竭。

2016 年 11 月，安徽省铜陵市一位女孩在一家烧烤店吃了九百多元烧烤，结账时，女孩声称自己没有带钱，烧烤店老板以为遇到了吃霸王餐的客人，遂打电话报警。警察调查发现，吃"霸王餐"的女孩患有"神经性贪食症"，一旦有进食欲望便难以克制，每次进食量都较大，当天进店大快朵颐正是因为她贪食症发作，实在控制不住自己，才进烧烤店吃了"霸王餐"的。后来，店家同情父母出走、只和奶奶二人相依为命的女孩，遂没有追究餐费。

神经性贪食症如果只是偶尔"发病"时一顿饱餐倒没有那么棘手，更多时候，贪吃这件事本身多了许多外界的因素，如情绪上的、家庭动力方面的，直接的糟糕结果就是身体被暴饮暴食给摧毁。宁宁今年刚刚 17 岁，身高 158 厘米的她，一个月时间里体重长到了 120 斤。不吃的时候特别"饿"，吃了之后又担心会胖，宁宁总是吃了吐，吐了再吃，直到她吃出了急性胃扩张，送医院急诊，她才意识到问题的严重性。

宁宁暴饮暴食从一年前，也就是她父母离婚之后开始。父母离婚，宁宁的抚养权判给了她父亲，于是，她就跟着父亲一起生活，她母亲搬出去住在出租的房子里，并且尝试找一份工作。家里没了妈妈的身影，宁宁放学回家后特别无聊，一想到爸爸妈妈都在她身边的日子一去不复还，宁宁不免落泪。爸爸每天工作到很晚回家，宁宁在奶奶家吃过饭就回家看电视，妈妈在家时，宁宁不敢边看电视边吃零食，妈妈不在她身边，没人盯着她了，宁宁便大吃特吃起来。只有在一边看电视剧，一边吃零食时，宁宁才觉得没有那么寂寞。

宁宁爸爸不太懂得如何与她相处，见她喜欢吃零食，便从超市买回各种各样的零食，堆在家里，供她消遣。爸爸不想做饭时，就买回来一些汉堡、薯条给她吃。渐渐地，宁宁发现她爱上了"垃圾食品"，她在吃薯条、汉堡、薯片时会觉得不那么寂寞，如果心情不好，痛痛快快地暴食一顿，她会觉得开心起来。

快乐总是短暂，一个月过去，宁宁的体重一下子长了30斤，她平日的衣服里，只有运动服还能勉强套进去，其他的衣服都"缩水"了。为了减肥，宁宁只好在狂吃一顿后马上吐掉，可是吐掉没多久，她又想吃了，如此恶性循环，她没办法控制自己想吃的冲动，她也不希望自己继续胖下去。可惜宁宁的痛苦并没有被周围人察觉，她的同学只是觉得她突然之间大了两号，变成了一个"肉团子"，她妈妈只是叮嘱她少吃点，女孩子太胖了没人喜欢，若非她因为急性胃扩张进了医院，她爸爸还不知道宁宁的身体早已出了问题。

如神经性厌食症一样，神经性贪食症可伴有抑郁症。宁宁的症状便属于这种情况，而她的贪食症和轻度抑郁症与父母婚姻破裂有直接关系。研究者发现，神经性贪食症往往出现在那些"优秀女孩"的身上，她们的父母在培养女儿方面花费了许多心血，女儿则用"出色"来取悦自己，这一"自我要求"实际上是对父母的严格教育、不允许她们表达消极情绪的直接反馈。神经性贪食症患者中的名人戴安娜王妃便属于这一类型，戴安娜王妃早早结婚生子，产后患上了抑郁症，在与抑郁症斗争过程中，她没有获得来自丈夫和家庭的支持，导致她选择用另一种方式应对痛苦——贪食症和厌食症，为此，她在生理和心理上承受了莫大的痛苦。

从神经性贪食症的女孩们身上可以看到，父母的教养方式不合理会严重影响孩子的行为。父母完全按照自己的计划安排孩子的生活，完全不顾孩子对舒适、心理安全的需要，结果导致孩子在成长过程中无法接受自己的情感和愿望，反而用他人的需要和愿望来要求自己的身体。也就是说，孩子的自我意识和身体认知并不是为了自己，而是为了配合他人，重要的"他人"即她们的父母。

神经性贪食症可以持续很长时间，即使积极寻求治疗，也可能多年里无法缓解。因为"吃"是患者用来缓解焦虑不安、寂寞、情绪低落的方式，如果放弃了"吃"，患者便会回到令他们感到痛苦的心理状态。即使患者本身清楚地知道，暴饮暴食并不能真正解决问题。所以说，贪吃是不只是进食问题，而是心理问题，需要进行心理治疗。

所谓心病还须心药医，神经性贪食症可能由不同原因导致，案例中的宁宁，她的病因与父母关系、父母教养有关，可以从家庭系统治疗的角度入手，调理进食习惯的同时配合心理疏导。有的人可能情绪原因导致的贪食，如《瘦身男女》中郑秀文扮演的"肥婆"，她因为失恋而暴饮暴食，导致了体重剧增，从九头身美女变成了"肥婆"。有的人可能受到了社会文化的影响，以时尚杂志上的模特和环球小姐为"美"和"瘦"的标准，用不健康的方式减肥，导致了神经性贪食症。

在配合心理医生进行治疗之前，首先要做的是调整患者的饮食习惯，这个治疗神经性厌食症患者也要如此做，即控制进食行为，改变对"吃"的态度。医生会为患者制订计划，什么时候吃东西，吃什么东西，一日三餐，均衡营养。治疗师在指导患者健康进食的同时，要帮助他们降低进食会导致体重增加的顾虑，即让患者从心理上建立新的饮食规律。

吃或不吃只是表象——进食障碍的原因

任何一种心理疾病都会受到多个因素的累积作用，进食障碍也不例外。自 1694 年理查德·默顿第一次记录下关于厌食症的症状，关于进食障碍的研究已经走过几百年。时至今日，人们发现社会文化、心理因素、生物因素等对进食障碍的影响。

在媒体渗透到日常生活每一个角落的今天，人们对"瘦身""健美"的执着变成了生活方式，甚至影响到身心健康，比如进食障碍的发生。跨文化研究发现，早在二十世纪八十年代的美国和欧洲，进食障碍中的神经性贪食症发病率非常高，发展中国家却没有那么高的数字。心理学家得出的结论是，在发达国家，社会主流价值观是以瘦为美，是故进食障碍多发；在发展中国家，只有有钱人才能获得足够的食物，出现身体肥胖，主流价值也许会以胖为美，是故进食障碍少一些。

在欧美社会，一股以"骨瘦如柴"为美的风潮已经吹了半个多世纪。媒体上曝光的美女，无一不是骨感美的代表人物，她们以芭比娃娃的造型为美的标准，由此引来一系列女性在行为上小心翼翼。比如，公共场所里，对进食毫无顾忌的女性不如食量小的女性有魅力，年轻女孩子注意到这些差别，从而调整自己的行为。在女性杂志中的文章，不仅倡导以瘦为美，而且事无巨细地教导女孩子们如何节食、如何运动。事实上，为了控制体重而进行的体育运动比为了身体健康而进行的体育运动更容易导致进食障碍。

在大众传媒、互联网媒体大肆发展的今天，越来越多的人为"瘦就是美"的理念推波助澜，除了审美追求，更多人来自商业利益的追求。在美国，瘦就是美带来了全民"减肥运动"，每一个年轻女孩都在关注自己的身体，她们用服用药物、参加运动课程等方式使自己达到"瘦"的标准，商家则从工业化的"减肥运动"中大谋其利。

说回进食障碍。普罗大众因为社会文化原因投入到控制体重的行列里，所谓自寻烦恼，自找没趣，对于一些身体有特殊要求的专业人士，保持瘦的身体是职业需求，是不得不为之。在进食障碍高危群体中，运动员排名第一。体操、滑冰、舞蹈、赛马、摔跤等体育项目对体重要求很高，为了保持运动成绩和符合比赛标准（拳击运动员需要时刻关注体重以维持量级），运动员们和他们的团队时刻关注着他们的身体变化，因此导致运动员不同程度的厌食症或贪食症。

运动员中，女性运动员更容易遭到进食障碍的困扰，因为女性运动员有生理周期和体质的困扰，而且，进食障碍除了影响女性运动员的运动成绩，还会影响其身体发育、身体机能水平、情绪等。在运动员的人际关系中，裁判会影响到运动员患上进食障碍的可能性。尤其是跳水、体操一类需要裁判给运动员打分的运动项目，更容易让运动员在意他们的形体，从而与进食障碍搭上关系。据美国国家进食障碍协会的数据显示，跳水、体操类运动中，运动员患上进食障碍的概率为13%，篮球、足球类运动中，这一比例仅有3%。

进食障碍的"重灾区"当然还是在模特和舞蹈演员身上。2011年，意大利斯卡拉大剧院芭蕾舞团一位女演员爆料道，斯卡拉大剧院芭蕾舞团的女演员有两成患有厌食症，她本人从16岁在斯卡拉大剧院学习芭蕾舞，因为被迫减肥，她多年来遭受着胃痛和习惯性骨折的折磨，而她的一位同事则因为过度减肥而失去了生育能力。

　　作为世界最古老最有威望的大剧院之一，斯卡拉大剧院的演出往往吸引着意大利政治界和产业界以及国外特权阶层中的精英人物，回到幕后，舞蹈演员的日常却是充满辛酸的，这位爆料者的发声令媒体注意到舞蹈演员们令人担忧的健康状况。实际上，舞蹈演员的神经性贪食症和神经性厌食症已经是业界众所周知的秘密，在奥斯卡获奖影片《黑天鹅》中，主演娜塔丽·波特曼便是一个为了跳舞极力控制饮食而患上了厌食症的芭蕾舞演员。

　　电影中的娜塔丽·波特曼名叫妮娜，20多岁，依然活在"控制狂"母亲的监控下。电影中有一个细节，妮娜在舞团被选为"天鹅皇后"，她妈妈为她买了蛋糕庆祝。妈妈切了好大一块，妮娜因为患有厌食症，胃不舒服，不想吃，她妈妈的反应是，"那就把蛋糕丢到垃圾桶里去"，妮娜赶忙道歉，勉强吃了一口，还要称赞蛋糕好吃，直到她妈妈脸上露出笑容为止。

　　从人口基数上，专业的运动员、舞蹈演员毕竟是群体中的少数，他们的进食障碍具有某种行业特殊性。人们患上进食障碍，也可能因为社会经济、种族群体等因素，比如在美国和欧洲进行的社会调查中，进食障碍更多出现在社会中上层群体中，而不是社会层次较低的人群中。在美国的调查显示，和欧洲裔女性相比，非洲裔女性更少患上进食障碍，可能因为她们需要放更多精力在工作和照顾家庭上，没有那么多精力关注自己的外表和饮食。

　　从个体特征上说，那些缺乏自信，经常感到沮丧和焦虑的人更容易发生进食障碍。具体来说，这类人的人格特征就是这样的，在意他人的看法，倾向于依附他人的意见而不是自主决断，对自己和他人的评价非常敏感。他们在孤独时非常渴望他人的陪伴，渴望获得他人的赞赏，因为内心情感上的匮乏，进食障碍者用暴食来填充。

　　心理动力学自然要从精神分析的角度来分析进食障碍与人受到压抑的欲望之间的关系，家庭系统理论关注子女与父母之间的关系对进食障碍的影响，这一点是我们在上一节中讨论过，在此略过。进食障碍的最后一个原因，实际上是最基础的原因——生物学因素。

研究显示，神经性贪食症和神经性厌食症都有巨大的遗传性，而且，患者的家庭成员患抑郁症的比例高于一般水平。为此，有人将进食障碍与抑郁症联系起来，认为进食障碍实际上是心境障碍的一种形式，但是反过来不成立，即心境障碍患者不一定患有进食障碍。

脑科学研究发现，进食障碍患者在大脑机制上存在缺陷。下丘脑的功能在于调节进食，决定身体对饥饿、饱足、发起进食和停止进食的判断，神经性厌食症患者下丘脑功能减退，神经递质五羟色胺亦处在异常水平。

总体来说，有很多原因导致进食障碍的发生，研究者至今未能厘清具体哪方面的原因是进食障碍的真正原因。幸运的是，人们在治疗进食障碍方面投入了大量精力，并且取得了非常大的成果。下一节，我们具体讨论一下进食障碍的治疗方法与预防方法。

舌尖上的隐痛——预防和治疗

里约奥运会后，灵儿的同学当中，有人迷上了自带王者霸气的乒乓国手张继科，有人被表情包妹子傅园慧圈粉，灵儿不走寻常路，她迷上了在开幕式上亮相的世界第一超模吉赛尔·邦辰。灵儿被吉赛尔·邦辰帅气的台风惊艳，迷恋她的大长腿和苗条身材。灵儿自知无法让自己的身高从165厘米长到177厘米，于是致力于减肥健身，发誓要拥有和吉赛尔·邦辰一样的模特身材。哪知道，她坚持三个月的减肥计划，没有让她拥有吉赛尔·邦辰的身材，而是令她患上了厌食症，等她被送到医院时，体重只有65斤。

减肥之初，灵儿属于微胖体型，算不上大胖子，但是身上、脸上显得有肉，灵儿妈妈夸她说"白白胖胖的多可爱"，灵儿却不信她妈妈那一套养猪一般的审美。开始减肥后，灵儿首先戒掉了早餐。她一开始只吃两片吐司，后来干脆一片吐司都不吃，喝一杯咖啡便当作早餐，两只苹果一包牛奶当午餐。回到家中，她常常谎称有作业要写，晚饭吃到一半便躲回房间去。

灵儿的减肥计划很快显露成效，在学校里，同学见到她都夸赞她变瘦了，也变美了。收获成效，灵儿继续她的减肥计划，按照人体正常需求，每天需要摄入1900到2300卡路里，灵儿则将卡路里摄入量限制在500左右。她查明各种食物的卡路里含量，每次进食之前经过精确计算，宁少勿多，绝对不会超过五百卡路里。

体重急速下降的灵儿吸引了担忧的眼神，她的班主任叮嘱她说："学习不要那么拼，注意身体！"灵儿妈妈见她一日瘦过一日，担心她考试压力太大，胃口不好，于是每天变着法儿地给她做好吃的，可是灵儿总有办法把妈妈准备的食物藏起来或者扔掉。

不过，灵儿自己也开始觉得她的身体变得有些不一样，她有过连续两个月没有月经的经历，吓得她半死；夏天之后，灵儿的低血糖变得特别厉害，出门稍微久一点，她便觉得头晕眼花，好像要晕倒的样子；一次体育课上，灵儿练习了两次三步上篮便晕倒在球场上，被同学送到校医务室，后又叫120送到了医院，这时候，灵儿才意识到问题的严重性。

之后，灵儿在她妈妈强迫下休学治病，住进一家饮食失调中心，开始调理身体。因为体重过轻，灵儿的样子特别吓人，好像皮肤包裹着的骷髅架，用手轻轻一碰就会散掉。住院前期，灵儿需要坐轮椅活动，因为医生叮嘱说，行走会给她的骨骼造成很大压力，搞不好容易骨折。此外，她在洗澡时也要小心，以免水温过高导致心力衰竭；她在活动时也要小心碰伤擦伤，以免流血不止。

在治疗中心里，灵儿每天依照医生的安排吃饭，平常人每天吃三顿饭，她要吃五顿，餐食包括蛋、肉、豆类、粗粮、蔬菜、水果等。一个星期后，她可以告别轮椅，四处活动，在医生安排下，她每天进行少量体育锻炼，以增加肌肉量。除此之外，她还参加了有关神经性厌食症的宣传讲座，听过讲座，灵儿为她过去三个月里的疯狂减肥感到后怕，如果不是身体"发出警报"，她可能依然执迷不悟，以吉赛尔·邦辰的身材为人生最高追求。

半年后，灵儿治疗结束，顺利出院，这时候，她的体重已经恢复到110斤，达到了正常水平。由于坚持锻炼，灵儿的身体变得结实了许多，告别了皮包骨的骷髅相，反而有了迷人的马甲线。回到学校，灵儿以亲身经历为素材，给全校师生做了一次演讲，她希望更多像她一样爱美爱苗条的女孩子能够明白，爱美更要爱健康。

众多进食障碍患者中，因厌食症或贪食症而死的毕竟是少数，大部分人可以在接受系统科学的治疗后恢复正常体重。时常能从媒体上看到如"瑞典厌食症女孩靠健身治愈前后判若两人""女孩患厌食症仅 25 公斤钢管舞恢复自信""英厌食症少女体重过低靠试管进食治愈"一类的治疗成功案例，实际上，进食障碍的治疗方法很多，而且效果不错。

针对神经性厌食症，有心理疗法、个体疗法、行为疗法、家庭疗法等，治疗神经性贪食症则可以使用最有效的认知－行为疗法。神经性厌食症患者并不会主动求医，大多数患者进入医院都是因为过度消瘦的身体引发了疾病，如心脏病，家人担心其生命安全强行送其去医院接受治疗。

患者长期过度节食，对进食有着强烈的控制欲望，要求患者接受治疗师的安排，前提是治疗师取得患者的信任，让患者愿意参与到治疗当中，住院期间，治疗师还要处理患者因体重增加而产生恐惧和患者可能为此绝食的心理因素。

个体治疗关注神经性厌食症患者识别和判断自身感受的能力，帮助患者建立自我觉察能力，摆脱对他人的依赖。当患者真正摆脱试图控制他生活的人，患者的父母也好，治疗师也好，用自身感受判断饥饿和饱足，患者才算是从心理上治愈了厌食症。行为治疗可用于增加饮食的具体措施方面，比如用代币制的方法，患者按照规定食谱进食，便可以获得看电视、室外活动等奖励。治疗师还可以用放松疗法帮助患者减轻大量进食时的焦虑感。

分析进食障碍原因时，我们提到过家庭关系对进食障碍的影响。家庭治疗即让患者与家人一起接受治疗，研究显示，家庭治疗对大部分家庭有效，治愈后的患者在两年之后依然能保持正常的饮食模式，与家庭成员的关系亦得到改善。

神经性贪食症的治疗与神经性厌食症的治疗不同，主要因为神经性贪食症患者暴饮暴食的缘由，无法有效地处理情绪，以进食作为发泄的手段，因此，帮助患者控制暴食和催泻行为，正确地面对食物和负面情绪是为治疗第一要义。

认知—行为疗法教会患者监控其进食时的认知状态，特别是暴饮暴食和催吐催泻时的认知状态，帮助患者质疑这些认知，正确看待自己的形体和体重。具体操作包括让患者吃一些他们不愿意吃的食物，比如油炸饼干，让患者建立新的进食习惯，如从一天一餐发展到一天两餐，一天三餐，一天多餐等。

进食障碍患者部分是抑郁症患者，或者具有抑郁症家族病史，特别是神经性贪食症。人在情绪压抑之下，很可能用进食的方式来发泄情绪，相比之下，暴食比自伤自残等方式伤害性要小得多。是故，治疗师倾向于用抗抑郁类药物来治疗进食障碍，至于何种药物有效，何种药物只是短暂地发挥作用，需要临床治疗师的具体指导。

纸片人横行的年代——胖子无罪

在纸片人横行的年代，"瘦"是主流审美观，胖子则是"边缘群体"，尽管胖子的人口基数并不边缘。网络上，有关胖子的流行语往往带着调侃。比如"三月不减肥，四月徒伤悲，五月徒伤悲，六月徒伤悲，七月徒伤悲……"比如"胖子固有一死，或重于泰山，或重于华山，或重于恒山，或重于喜马拉雅山"。比如"台风来了，身边的人和树都吹走了"……从什么时候起，"胖子"成了全民公害，成了"人人得而诛之"的对象了呢？

肥胖者给人的印象往往是滑稽，可供调侃。因为人们在心里默认胖子是因为好吃懒做才变成胖子的，他们缺乏自律，缺乏上进心，即便对方真实的品质非常优秀。实际上，并没有具体的数据支持这样的想法。

调查显示，在儿童群体中，最受欺负的人不是在种族、宗教、性取向和身体条件上异于他人的孩子，而是胖子。成年人世界里，对胖子来说，追求爱情和求职都是胖子的"坎儿"，尤其是超重的女性。相关研究显示，肥胖者结婚更少，在职业发展上只能获得收入更少、社会地位更低的工作。

在日常生活的方方面面，胖子承受着来自"相对瘦子"的歧视。这种歧视是相对的，瘦子歧视胖子，小胖子歧视大胖子，更可怕在于，人们把这种歧视视为理所当然，即使最敏感最开放的人，他们会对 LGBT 群体特别谨慎，但却在不知不觉间跟从了大众的价值观，在多种场合渗透出对肥胖者的偏见。

在喜剧演员中，向来以"女汉子"著称的贾玲是一个很红的胖子，她的身材也多次成为喜剧表演和日常生活中的笑料。在春晚小品《喜乐街》中，贾玲自黑"女汉子"，肥胖没人爱，但是没心没肺，豪爽大方，为此招来一众网友吐槽，说小品有嘲笑胖子和剩女的嫌疑。网友不知道的是，在众多节目中，遭受最多有关"胖子""剩女"调侃的正是贾玲本人。

贾玲在成为知名喜剧演员之前，是说相声的。在世代以男性传承的相声行业里，女性想要立足，其难度并不比女指挥家指挥一个乐团容易。相声中的段子，有时涉及家庭、伦理和性别，并不适合女演员参与。贾玲转战电视台的综艺节目，继续做她的喜剧表演。与此同时，她的体形开始发生变化。

据说，贾玲从小就能吃，别的可以委屈，但是不能委屈自己的嘴。而且，贾玲是易胖体质，吃什么都胖，她不喜欢运动，由于工作忙，也没法用有规律的节食方法来减肥，创作喜剧小品时，特别费脑子，半夜创作，熬到不行时，贾玲喜欢用吃来缓解紧张的脑力劳动，她会点一些麻辣小龙虾、麻辣板筋、麻辣鸭脖等重口味小吃，刺激肠胃，也刺激大脑。用她自己的话说："我那么累，连吃点东西都不行吗？"

任性地吃下来，贾玲的作品里有了一个新梗，即调侃自己的身材。说相声时，她是娇羞的小媳妇，到了喜剧表演的舞台，贾玲变成了大龄肥胖女青年，因为胖而嫁不出去，越是嫁不出去越胖，如此陷入死循环。贾玲不知道调侃胖子是歧视吗？她当然知道，可是唯有这样，才能产生喜剧效果，博观众一笑，如此逻辑，似乎也进入了死循环。

生活中，贾玲不可避免地因为"肥胖"而遭到歧视。据报道，在一次真人秀彩排时，贾玲因为身材肥胖，被节目导演呛道："你看起来像猪一样，你别说话了！"贾玲内心受伤，但是没有表现出来。看似调侃，实则是深入人心的偏见，恐怕说的人并不觉得这是偏见，反而认为是理所当然吧。

在纸片人横行的年代，尤其是一向以"瘦"为美的娱乐圈，无论男演员女演员，无不希望保持一个苗条或健硕的身材，为此不惜血本，疯狂投入，台下十年功，只为上镜之后又瘦又美，如此风尚使得那些想吃就吃，钟情大快朵颐的人经常受人非议。

歌手韩红多年来以她非凡的唱功、独特的嗓音被定义为典型的实力派歌手，可是在她出道之初，即使她声音比今日更亮眼，却因为肥胖的身材常常被唱片公司拒绝，她也为了减肥而过度节食。出道多年，韩红依然保持着她的肥胖身材，她的事业和"江湖地位"走到了不需要用改变外形来吸引听众的位置，不过，她本人似乎对"肥胖"一词依然敏感，比如她会对选秀歌手大谈"你太胖了"当场黑脸，接受记者采访时，她也会对摄影记者强调"不要总拍我的侧面，那样就显得更胖了"。

在身材上与韩红遥相呼应的英国歌手阿黛尔也深受肥胖的困扰，出道之初，她遭遇相处一年半的男友劈腿，那年她 21 岁，失恋的打击让她一度不再相信爱情，反而从进食中寻找乐趣，她钟爱食物，不喜欢运动，她那副"大烟嗓"更是抽烟喝酒的结果。如今，收获全球粉丝和格莱美奖杯的阿黛尔从容面对她的身材，她自称自己是歌手而不是时尚潮人，也不想登上《时尚》或《花花公子》的封面，她宁愿用胖一吨来换一张精彩的专辑，也不想瘦成妮可·里奇却做出糟糕的音乐。

在这个纸片人横行的年代，胖子如何存在？生活在"以瘦为美"的审美价值中，人们觉得胖子是没有春天、没有未来、没有前途、没有爱情、没有出路的。那么，胖子自己怎么办呢？并不是每个人都能拥有魔鬼身材，而且，为什么要每个人都瘦成竹竿，不惜用过度节食、过量运动甚至患上厌食症、贪食症的危险达到目的，并且认为那样才是美呢？

主流审美观往往很难改变，除了文化影响，审美观的背后往往是盘根错节的利益纠葛。简单来说，如果从明天开始人们观念转变，以胖为美，米兰、巴黎的那些模特和时尚设计师们不是要失业了？对胖子来说，学学阿黛尔的"大心脏"或许是个好主意，做自己比什么都重要。

一位来自美国加州的胖姑娘艾什莉是一个真胖子，也是一位服装设计师，她为众多如她一样的"大码女孩"设计出多样的服装，把胖妞们从一身黑、桶装裙中解放出来。在每个人恨不得瘦成一把骨头的时尚潮流里，艾什莉更了解胖姑娘需要什么样的服装。

当然，艾什莉也感受到了来自整个世界的敌意，她的设计遭到了冷嘲热讽，她本人也遭到了生理和心理上的打击。最终，她的设计获得了设计比赛的冠军，她用自己的行为为自己代言，为胖子正名："我们应该穿我们喜欢的衣服。轮到我们引领时尚了。"

艾什莉的行为为"没有未来"的胖子们提供了一条新思路：与其哀叹、愤怒，委屈于他人对胖子不公平的评价，不如创造胖子的标准，给这个世界一个新的定义。

第八章

几多唏嘘难自控——药物依赖

随一口烟跳升——骨灰级烟民的我执

千禧年时，香港政府投资拍摄了一部宣传"无烟草"的公益短片《烟飞烟灭》，作为"全球华人不吸烟大使"的张国荣成为这部短片的导演。《烟飞烟灭》的故事很简单，一对夫妇从事娱乐行业，妻子是强势干练的经纪人总监，丈夫是著名摄影师，夫妇二人每日忙于工作，为了排解压力，养成了烟不离手的习惯。夫妇二人非常疼爱他们的儿子，却不知道儿子其实患有隐藏性血癌，来自爸爸妈妈的二手烟加速了血癌的发展，夫妇二人克制吸烟，却没能挽救孩子的生命。

整体来说，这部片子艺术成就不高，并非是极具想象力的短片力作。

但从吸烟主题来看，这部片子提出了一个有关物质依赖的主题——烟草依赖。"吸烟有害健康"六个字如今变得越来越大，赫然印在香烟的包装盒上，可是烟民们为何冒着生命危险继续吸烟呢？他们吸的不是烟，而是寂寞？不，可能是焦虑。

据中国疾病预防控制中心发布的《2015 年中国成人烟草调查报告》，我国吸烟人数达到 3.16 亿，吸烟者平均每天吸 15.2 支。虽然工作场所、公共场所逐渐开始禁烟，但是公众对吸烟危害的认识没有提高，知道吸烟可导致肺癌的比例为 80%，知道吸烟可导致中风、心肌梗死与勃起障碍的比例为 31.0%、42.6% 和 19.7%。

据中国烟草公司的调查显示，67% 的烟民是农村人口，不论男性或女性，农村地区的烟民超过城市人口两倍之多。如果按照职业分类，男性吸烟者中，体力劳动者最多，其次是商场工作人员、办事员、技术员，女性吸烟者中，职业女性吸烟率比较低，中老年无职业的女性吸烟率比较高。

越是工作、生活压力大的人，越倾向于用吸烟来排解。香烟中含有尼古丁对中枢神经系统和外周神经系统有作用，可以引起多巴胺、去甲肾上腺素、五羟色胺等生化物质的释放，不过心理学研究证明，吸烟并不能帮助人缓解压力，而是让人在生理上产生战栗或逃离的反应。吸烟者感觉到的压力减轻不过是紧张和易怒的状态，医为他们对尼古丁上瘾了。

吸烟成瘾的标志即吸烟者的大脑对尼古丁产生了耐受性，一旦停止摄入立刻出现戒断反应。成瘾者可以承受比习惯摄入量超过十倍的尼古丁摄入，比如一次吸烟一支变成一次吸烟十支，但是他们不能在想要吸烟时少了那关键的一支。吸烟成瘾者严重的戒断反应包括抑郁、急躁、愤怒、焦虑，无法集中注意力，非常渴望马上吸一口烟。事实上，当他们如愿吸上一口，以上所有不良症状都消失了。

吸烟容易，戒烟难。在烟草产品以见缝插针的方式进行宣传时，人们不知不觉地关注并成为习惯，成为尼古丁消费者。如此一来，针对烟草宣传的管理出现了模棱两可的含糊地带。

《广告法》第二十二条规定，"禁止在大众传播媒介或者公共场所、公共交通工具、户外发布烟草广告。禁止向未成年人发送任何形式的烟草广告。禁止利用其他商品或者服务的广告、公益广告，宣传烟草制品名称、商标、包装、装潢以及类似内容"。但是大众传媒中仍然出现改头换面后的烟草宣传，比如烟草公司放弃直接宣传香烟产品，转而宣传企业文化，或者烟草公司以投资商的身份投资文化产品，一部微电影名字叫《一支烟的穿越》，香烟甚至成为电影的"主角"。

在影院公映的电影作品中，不乏主要角色吞云吐雾的镜头。在电影《梅兰芳》中，有长达十五分钟的吸烟镜头，占总片长 12%，其他国产电影如《风声》《建国大业》等也出现大量吸烟镜头。调查显示，青少年在看到偶像吸烟后会对吸烟行为产生认同，吸烟的可能性大大提高。

这并不是危言耸听，一部或者一系列优秀的文艺作品的确会对观众产生价值观的影响。多年来长红不衰的 007 题材电影，詹姆斯·邦德不仅是一个烟鬼，还是一个酒鬼，兼有暴力倾向。007 电影在全球造成了巨大的影响，青少年模仿超级特工，吸一口烟，尝一口马提尼，这种现象在各地都有发生。不过，随着美国人吸烟率的下降，邦德在电影中的吸烟镜头也在逐渐减少，2002 年的《择日而亡》作品中，邦德掐灭了最后一根烟，之后再也没有拿起来。作为一个老烟民，邦德是如何做到的呢？当然不是他心甘情愿地戒烟，而是支持禁烟的社会运动人士积极呼吁的结果。

邦德戒烟或者不戒烟，编剧说了算，可是现实中的"老烟枪"们，如何告别尼古丁之瘾呢？歌手阿黛尔曾经在抽烟喝酒中度过了她失恋两次的 22 岁人生，吸烟最严重时，她每天要吸二十五支香烟，直到她因为咽喉问题恶化不得不入院手术，她才在医生的警告下放弃吸烟，她不想因为吸烟而毁掉她未来的歌唱事业，她也不想死于因吸烟引起的疾病。如今，阿黛尔依然是一副大烟嗓，她一边在家里生小孩，一边出专辑，拿格莱美大奖，但是烟草已经远离她的生活很久了。对于一些老烟民来说，不到健康发出警告，他们宁愿放弃一切，也不会放弃吸吸烟。

美国的反吸烟人士如今已经不再关心如何帮助烟民戒烟，而关心如何把他们放进"公共吸烟区"去，隔绝二手烟对不吸烟者的影响。吸烟对健康有害是吸烟者自己的事情，只要吸烟者的吸烟行为受到政府限制，不对他人造成伤害就好。这种腔调类似：烟民们，你戒或者不戒，不关我事，但是请到一边抽去。

一人我饮酒醉——喝的是酒还是寂寞

酒能刺激大脑，激发才思，是故古有"李白斗酒诗百篇"。不过，靠酒精来引出文思泉涌，在实际写作方面并不奏效，写写诗歌还可以，写长篇小说是不行的，这一点，嗜酒如命的武侠小说家古龙深有体会。古龙好酒天下闻名，可是他在创作时并不喝酒，而是一根接着一根地抽烟，与朋友逛街潇洒，他才开始一瓶接着一瓶地开 XO。

酒精作为一种中枢神经抑制剂，少量摄入，人会变得轻松、自信，有些许快感，放开拘谨，行为举止更自在自我。大量摄入的话，人会出现抑郁症状，如疲倦、呆滞、动机下降、睡眠障碍、心境低落、混乱不安等，如果进入酒精中毒状态，酗酒者陷入不自知，根本不承认自己酒精摄入过度，他们变得好斗，说粗话，情绪高昂，中毒很深则会陷入昏迷。

决定一个人是否会在短时间内酒精中毒往往取决于喝酒时有没有进食。空腹喝酒，酒精从胃部很快进入小肠，在那里被身体吸收，饱腹时或者边吃食物边喝酒，酒精含量想要达到危险标准，需要喝下大量酒才行。在应酬场合上，有经验的老手不会落座后便空腹喝酒，而是迅速进食后喝酒，这样可以放慢醉酒的速度，同时减轻醉酒后的痛苦。

人们在何种情况下会被诊断为酒精依赖呢？通常认定，成年人长期酗酒，表现出对酒精的生理耐受性，生活围绕着饮酒，并且因此造成了工作、社会、身体或法律问题。酒精依赖表现为三种类型：其一，每天喝大量的酒，生活计划围绕酒精进行；其二，长期禁酒，但是会持续几天或几周暴饮。暴饮的原因可能是生活上遇到了危机，如失业、婚姻失败、遭遇人际危机；其三，在工作时间比较节制，但是下班之后或者周末会大量饮酒。

酒精依赖的人并不觉得自己已经酒精依赖，而且，他们觉得自己喝的并不是酒，而是一种精神境界，或者是寂寞、孤独，或者是曲高和寡、知音难寻。当然，酗酒也可能是逃避现实的方式，也可能是无法走出心灵困境，把清醒的意志交给酒坛子，听之任之。

美国作家菲茨杰拉德是美国众多因酗酒而死的作家之一，在被称为"黄金十年"的二十世纪二十年代，菲茨杰拉德如他的小说《了不起的盖茨比》中的盖茨比一样，遇到了毁掉他一生的女人——泽尔达，一个出身于美国南部的富裕家庭，追求富裕物质生活又精于算计的女人。为了满足妻子对生活的要求：富裕的生活、充裕的物质保障和社会地位，菲茨杰拉德从一位当红小说家变成了集患病、酗酒、破产于一身的穷光蛋，年仅 44 岁死于因酗酒引发的心脏病。

菲茨杰拉德一辈子与"黛西"一样的女人结缘，而且都是孽缘。他第一次与人订婚，对象是吉内瓦，一位成功的证券商人的女儿，他们的爱情因为门不当户不对而夭折，菲茨杰拉德自尊心在吉内瓦父亲那里受到了羞辱——"穷小子休想娶富家千金"！从那时起，菲茨杰拉德便与酒精结缘。

而后，菲茨杰拉德遇到了他的妻子泽尔达，同样是门不当户不对的爱情，若不是他因《天堂另一侧》的出版在短时间内走红，身价倍增，月收入高达25000 美元，他与泽尔达恐怕又要被棒打鸳鸯了。换个角度看，泽尔达毁了菲茨杰拉德之前，首先成就了他，激发了他的文学创作。可惜，屌丝变身高富帅之后，漫长的折磨才刚刚开始。婚后，菲茨杰拉德跟随泽尔达过起了上流生活，他们日日参加奢华的派对，夜夜笙歌，挥金如土。

从金钱收入上考量，《天堂另一侧》是菲茨杰拉德的高峰，也是断崖，他在婚后写就的《了不起的盖茨比》和《夜色温柔》，尽管在艺术成就上优于前者，但是没有成为畅销书，也没能为他带来大把大把的钞票。入不敷出的生活让菲茨杰拉德压力沉重，他开始酗酒，开始与泽尔达争吵，泽尔达对芭蕾舞的痴迷更像是进入了疯狂状态。她真的疯了，医生诊断她为精神分裂症，不得不住进精神病医院。

从声名显赫之时，菲茨杰拉德就存在酗酒问题，他把自己写作"年青一代中最臭名昭著的酗酒者"。在给泽尔达的医生的信中，他写道："酒精过度或许会让我遭受痛苦甚至死亡，但我却没有办法不去喝酒。"这时候，菲茨杰拉德走入人生的低谷，再也没有爬上高峰。

菲茨杰拉德从他母亲那里继承的遗产并不足以弥补他的债台高筑，为了维持体面的生活，为了照顾他与泽尔达的女儿，为了让泽尔达住进条件不错的疗养院，菲茨杰拉德开始给好莱坞写剧本，并且撰写他人生中最后一部小说。可惜，他已经江郎才尽了，去世之前，菲茨杰拉德的名字在纽约书店和报纸上已经消失了很久。去世之前，菲茨杰拉德已经破产，在遗嘱中，他要求举办便宜的葬礼。盖茨的葬礼上少了昔日与他觥筹交错的名流和富商，只有尼克、盖茨比的父亲和仆人们参与了送葬；菲茨杰拉德的葬礼上，一位作家朋友则摘了《了不起的盖茨比》中的一句话送给他："这家伙真他妈的可怜（This poor son of a bitch）。"

美国许多作家死于酗酒引发的疾病，除了菲茨杰拉德，雷蒙德·卡佛、雷蒙德·钱德勒甚至海明威、福克纳都没有逃掉。艺术家们因为这样那样的原因终日与酒精相伴，他们的才华不能免除酒精对身体的伤害。长期大量饮酒使得躯体系统中毒，如胃、食道、胰脏、肝脏等，酗酒还容易产生心脏病。

酒精依赖者因为长期的酒精摄入破坏了胃肠系统的吸收能力，有的人则用饮酒代替进食，导致营养不良。如果孕妇在怀孕期间大量饮酒，尤其是怀孕早期，婴儿可能患上胎儿酒精综合征，表现为发育迟缓、面部畸形、中枢神经系统受损、智力迟钝等。

纵使有千百种可能的伤害存在，让"酒蒙子"彻底戒酒依然困难重重。尽管戒酒会带来多重良好的变化，如身体变瘦，气色大好，健康问题减少，不过这些效果要在戒酒半年到一年后才出现，许多宣言戒酒的人往往受不了戒酒开始阶段的戒断反应，如战栗、多动和失眠，极端情况下还会出现剧烈抽搐，产生幻觉。戒酒的方法有很多，归根结底要酗酒者改变主观认识。

酒里人生知多少——酒精与抑郁症

俗话说，龙王爷的儿子会浮水。周启发的老爹一辈子没有任何拿得出手的本事，唯独酒量惊人，远近闻名。在老爹的影响下，周启发 12 岁开始喝酒，20 岁练出了酒量，山东大汉也好，蒙古小伙也好，无不在他面前败下阵来，佩服地称他为大哥。

下海做生意后，酒局上的应酬总免不了，周启发喜好喝酒、品酒、收藏酒，性格大气豪放，大开大合，遂结交了不少朋友。在经商的路上一路起起伏伏，身边的朋友来来往往，周启发手里的美酒从来没有放下过。美酒伴他迎接辉煌成就，亦伴他潦倒贫穷，身无长物。

三十年里，周启发成了不少事儿，也栽了很多跟头，每一次他喝喝酒，醉两场，挺一挺就过去了。这一次，不知道他能不能挺过去？由于交友不慎，周启发的公司在一个案件中受到了连累，他的合伙人卷钱跑路，公司上下人心惶惶，一时间高管跳槽，职员跳槽，风风火火十多年的一份事业，一夜之间摧枯拉朽。

损友害得他险些家破人亡，诤友在危急关头拉了周启发一把。免了牢狱之灾，勉强保住了家业，周启发没有挺起腰杆，从头来过，而开始日夜守着"水边酉"（即酒），一蹶不振起来。他的情绪非常不稳定，动不动就发脾气，怀疑每一个人，两年多时间，他把公司事务交给妻子打理，自己则什么都不做，只是喝酒，自己喝，或者找朋友陪他喝。

周启发原本就有每晚饮酒助眠的习惯，如今不只是饮酒助眠，而是灌酒助眠。时间久了，他要把安眠药和酒一起吃才能睡得着觉，这样的状况持续了近一年的时间，周启发被他妻子拉着去看医生，他才知道自己得了抑郁症。

可惜的是，医生给他开的治疗抑郁症的药并没有奏效，他一边吃着抗抑郁药物，另一边继续我行我素地喝酒，和药物相比，醉酒更能令他觉得舒服。喝得醉醺醺的，迷迷糊糊睡上一会儿，他会觉得特别幸福，哪怕时间只过去了半个小时。

始终萎靡不振的状态，让周启发的妻子和一双儿女跟着他受了不少苦。因为生意失败，妻子和他吵过不知道多少次架，自从他生病后，妻子不跟他吵了，把他当病人看着，生怕他一不顺心做出傻事来——医生跟她说抑郁症患者有自杀的倾向，叫她小心看着他。周启发并没有想过自杀，他只是想喝酒，喝一口，再喝一口，对他来说，一天里最快乐的日子，就是喝醉了迷迷糊糊的时光。

李白在《宣州谢朓楼饯别校书叔云》中写道，"抽刀断水水更流，举杯消愁愁更愁"。很多人想着，心情不顺，喝醉了睡一觉，第二天太阳照常升起。大多数时候，这个方法并不奏效。而且，如果长时间地借酒消愁，可能真的会"愁更愁"，甚至愁出抑郁症呢。研究表明，酗酒和抑郁症有一定的关联，至于一个人是因为抑郁症而酗酒，还是因为酗酒得了抑郁症，这个问题就像鸡生蛋、蛋生鸡一样难解了。

不过案例中的周启发，他的情况比较明朗，抑郁症导致酗酒成瘾，而酗酒又加重了抑郁症。可以说，酗酒与抑郁症如果同时存在，非常容易形成一个恶性循环。抑郁症患者更容易出现酗酒问题，酗酒的人也容易产生抑郁症，而且，酗酒成瘾会影响抑郁症的治疗，因为酒精降低了抗抑郁症药物的疗效，从而使得抑郁症病情进一步恶化。

即使在没有服用抗抑郁症药物的情况下，酒精也会影响抑郁症患者的病情，导致时好时坏，反反复复。人在喝酒时会出现短暂的欢欣，心情变得愉快，但是这种愉快感非常短暂，患者想要重新获得愉快，选择继续喝酒，增加喝酒的量，可是长期、大量地喝酒并不会延长欢欣的时间，反而会让人越喝越苦闷，愁上加愁。酒精依赖者并不会对这个毫无效果做出正面反馈，喝酒——愁闷——喝更多才是他们的反应，即越苦闷喝得越多。在酒精依赖者中，25%~60% 的人伴有抑郁症状，在酒精依赖和抑郁症并发的患者中，九成以上先有成瘾行为。

像周启发这样的例子在治疗中属于棘手个案，因为包含抑郁症和成瘾行为，属于难上加难。治疗需要药物治疗，更需要心理治疗。长时间酗酒的人会发生性格上的变化，如变得固执、自我中心、自私自利，是故，周启发不应该单独用药物治疗控制，更不能以酗酒来"治疗"抑郁症，最好是住院治疗，在进行药物治疗时进行心理治疗，同时戒除酒精依赖。至于先后顺序，首先要停止饮酒行为，同时服用抗抑郁症药物，缓解症状，改善情绪，继而循序渐进地治疗酒精依赖。

话说回来，在二十世纪六十年代之前，人们并不会把酒鬼看作病人，而认为他们是虚弱和卑劣的瘾君子，缺乏自制能力，放任乱为。随着心理学的发展，研究者们逐渐发现，酒精引发的不只是酒后无德、酒后乱性以及酒壮怂人胆的问题，而是关乎社会和心理问题。在酗酒的孩子与非酗酒的孩子中，前者产生抑郁症的比例更高，但是也有研究发现，这种抑郁可能是来自家庭因素——酗酒的父母给孩子造成了压力。

在父母酗酒成瘾的家庭里，儿童和青少年模仿父母的行为，更早地学会喝酒。他们不把酗酒成瘾者当作"异类"，而是更可能将喝酒作为日常生活的组成部分，见怪不怪。成年之后，他们依然认定"醉醺醺"的生活方式是可以接受的，而且会亲自尝试这些行为。尤其在心烦意乱时，他们更愿意去喝酒，认定酒精可以放松心情、减轻压力，而那些习惯逃避问题而不是解决问题的人更愿意以醉酒逃避责任。

从社会文化层面看，当人面对极大的心理压力，特别是长期的压力时，酒精变得更加有吸引力。那些长期面对严重压力的人、身处贫困、绝望之中的人，生活在父母频繁吵架环境下的青少年，这些人更容易依赖酒精。

演员刘烨曾经经历过四五年的酗酒、失眠的情绪低谷，在一年拍九部电影的高强度工作压力下，他承受了巨大的精神压力，失眠问题找上门来。刘烨说，他从患上失眠症开始，经常整晚睡不好觉，有时候"从晚上十点上床，可以一直睁着眼到第二天早上十点"。由于内心敏感脆弱，在意他人想法又不愿意过多解释，刘烨把喝酒作为宣泄情绪的出口，失眠更加重了他酗酒的程度，糟糕的心理状态折磨了他自己，也让他身边的人跟着受苦。

从失眠症中走出来的刘烨娶了娇妻，生了一对儿女，用他自己的说法，安稳的婚姻生活和妻子灿烂的笑容治愈了他的心理问题。我们无从得知刘烨到底用了什么方法告别不喝酒就无法睡觉的日子，对于酗酒成瘾者，心理学上有很多行之有效的方法，比如行为疗法中的厌恶疗法、认知疗法、社会文化方法等，一些NGO（非政府组织）还会以预防酒精成瘾计划等方式介入到酗酒成瘾问题中。并不是每一个人都有那么好运气，娶得一位自带治愈功能的妻子，如果不能的话，科学、系统的治疗方法是更实际的选择。

罂粟花的美与毒——大烟鬼修炼记

在阿片类物质中，最为国人熟知的自然是鸦片。提到鸦片，国人又不免要想起两次鸦片战争，想起国土被人凌虐的惨痛记忆。单单从历史角度看待鸦片，单薄而且不客观，在鸦片成为腐蚀心灵的毒药之前，它的身份单纯而有效，人们对待各种形式的鸦片，态度单纯，且没有复杂交叉的历史记忆。

作为一年生草本植物，罂粟在花开时节绽放出绚烂华美的花朵，极具欣赏价值。至于今日人们将罂粟花的美丽解读为"妖娆，美丽中带着危险，呈现出张扬、野性、征脹的美，是最恶毒最富有魅力的花"，全是来自罂粟果中提出汁液的制成品——鸦片，与花本身的美脱离，又附加了更多无关的含义。

美就是美，罂粟花美在它的多姿，花朵硕大而艳丽，颜色多样，有红、黄、白、粉红、紫等多种颜色。罂粟花并不具有毒害他人的能力，也不具有魅惑人心的特质，如果说它毒，不过是因为它反衬出人类的罪恶一面。毒的不是花，而是人心。

罂粟汁液经过熬制，制成鸦片，很长时间里，鸦片作为药物在民间流传使用，用来止痛，医生了解鸦片，也懂得它的副作用，"其止病之功虽急，杀人如剑，宜深戒之"。十九世纪中后期，英法殖民者在印度、缅甸、老挝境内种植罂粟，除了提供本国国民使用，还要贩卖给中国，鸦片战争由此引发。

值得注意的是，清末民初阶段，英法殖民地的罂粟种植已经被国内种植超越，民国时期，滇、黔的鸦片生产成为地区生产总值的支柱，军阀干脆用烟土顶军饷，可见其地位，由此可知鸦片在国内种植、贸易的程度。

鸦片中令人成瘾的成分是吗啡，吗啡能够减轻疼痛，解除血管平滑肌的痉挛，可用于心绞痛、动脉栓塞等症状。长期服用则容易成瘾，危害身体。"大烟鬼"正是用来称呼鸦片成瘾者。老北京人形容那些躺在床上，蜷着腿，弓着腰抽大烟的人为"大虾米炒鸡爪儿——蜷腿儿带弓腰儿"。其实，最初抽鸦片的都是富贵人家，因为鸦片价格昂贵，抽鸦片成为显示财富、地位的一种方式，穷苦人家吃饭穿衣都成问题，哪里有闲钱买鸦片。一段时间里，抽鸦片成为一种时尚，社会上下纷纷效仿，不仅官僚贵族吸食鸦片，平民百姓也开始吸起来。

鸦片吸食者众多，身份地位最高的莫过于逊帝溥仪的皇后婉容。婉容在嫁给溥仪，成为逊帝皇后之前，曾经有过一段阳光明媚的少女时光。婉容曾经随家人住天津九年，在那里上教会学校，跟洋人教师学英文，后她成为皇后，进了皇宫，却遭遇性无能的丈夫，精神苦闷，空虚寂寞，她学会了抽烟，而后开始抽大烟。

一开始，婉容以治病为由抽大烟，烟瘾变大之后，她已经不管不顾，一刻也离不开了。而后，婉容跟着溥仪出了皇宫到了天津，又从天津到了长春，始终没有放弃抽大烟。在长春期间，婉容与溥仪的贴身侍卫偷情，怀孕生女，孩子生下之后即被溥仪烧死，婉容也被打入冷宫，陷入疯魔。囚居期间，婉容无所寄托，唯剩鸦片。

据说婉容的烟瘾非常大，一天要抽十个烟泡，每天活在雾蒙蒙的醉生梦死之中。由于长期吸食鸦片，婉容的身体营养不良，两条腿已经不能走路。由于她长期被锁在屋子里，见不到阳光，她的眼睛近乎失明，见人需要用折扇遮着脸。据溥仪在长春期间娶的老婆李玉琴回忆说，婉容她"骨瘦如柴，人不似人，鬼不似鬼，目光呆滞"。日本人败退时，溥仪一行人从长春逃走，一路人因烟瘾发作，鼻涕口水流得到处都是，她浑身虚弱，无法走路，只能让人轮流背着，而后被丢在了吉林敦化，死在了敦化的监狱里。

鸦片摧毁了她的身体，使得她盛年之时便客死他乡，成为古代几百个皇后中下场最凄惨的一个。

据在婉容身边服侍的太监回忆，"伪满皇宫"期间婉容有一间专门的吸烟间，她的大部分时间在那里度过，随着吸食量增加，婉容越来越瘦，不再讲究吃穿，对世界不再好奇，她变得像一个疯婆子一样，憔悴不堪，人不人，鬼不鬼。

鸦片能给人愉快之感，实际上是因为人体原本能够产生一种天然的阿片类物质，即内啡肽和脑啡肽。在分类上，内啡肽是一个大类，脑啡肽算是内啡肽的一种。内啡肽和阿片类物质一样具有镇痛的作用，还能够改变各种神经元的兴奋性，也参与体温调节、食欲、记忆、脂肪分解等生理机制。在应激状态和体育活动时，内啡肽的分泌量增加，这也是人在运动之后有轻松感、陶醉感，整个人变得清爽快乐的原因。

人在不运动时如何获得快乐清爽之感呢？鸦片能实现啊。从老照片中我们可以看到，大烟鬼们无不是躺在烟榻上，嘴里叼着烟枪，身边被仆人围着，面如菜色，形容枯槁，身体消瘦，毫无活力。那些吗啡成瘾者一样选用大烟鬼的姿势，躺在床上，等待注射，然后渐渐进入飘飘欲仙的状态，享受不需要费力气的快乐。

十九世纪晚期，随着科学技术的发展，人们从吗啡中提取出一种浓度更高的物质——海洛因。和吗啡一样，一段时间内，海洛因被用于医疗，而后被滥用到其他途径。比如在越南战争期间，美国的年轻士兵们大量使用海洛因，一方面因为海洛因廉价易得，另一方面因为战争的恐怖环境令士兵们产生了巨大的心理压力，吸食海洛因是排解方法之一。战争结束后，一些士兵因为形成了生理依赖，依然在继续吸食海洛因。

说吸食有些片面，非法使用阿片类物质可以用吸食的方式，也可以通过静脉注射和鼻吸。海洛因使用者多是通过静脉注射，形成生理依赖的人每4~6个小时就要注射一次，否则就会出现戒断反应，如烦躁不安、激动、焦虑、背部和腿部疼痛、恶心、呕吐、大量排汗、腹泻、发烧等。如此频繁地摄入让吸食者无法正常生活，更无法从事工作，结果，这些人形成了"以贩养吸"的生活，用贩卖阿片类物质的方式获得吸食需要量，有的人同时伴有偷窃、卖淫等犯罪活动。

罪恶"金三角"——被毒品毁掉的人生

2016 年国庆期间，电影《湄公河行动》上映。这部电影改编自真实案件"10·5 中国船员金三角遇害事件"，讲述了一支行动小组为解开中国商船船员遇难所隐藏的阴谋，企图揪出运毒案件幕后黑手的故事，因为案件发生在湄公河的金三角水域，所以叫"湄公河行动"。

电影上映后大获好评，观众从震撼视听的电影场面中体验一番禁毒警察办案时的紧张与惊险，有了艺术宣染，算是对那些在行动中牺牲的禁毒警察的最好纪念。电影中，我们也可以看到"毒品天堂"金三角地区的真实面目。

金三角地区是湄公河流经缅甸、老挝、泰国的那一部分地区，因为地辖泰国、缅甸和老挝三国，地理上呈现三角形，历史上以盛产鸦片出名，又名"罪恶金三角"。历史上，法国人从十八世纪开始在金三角地区种植鸦片，发展到二十世纪六十年代，那里成为罂粟种植、提炼、贩运和走私的黄金地带，那里看似三国交汇，其实是三不管地带。

"金三角"地区以山地地形为主，到处是海拔千米以上的崇山峻岭，气候炎热，雨量充沛，土壤肥沃，非常适合罂粟生长。另有蜿蜒的湄公河河道穿行山谷之间，形成了无数的峡谷和绝壁，拥有天然的交通死角。密布的丛林、崎岖的道路、多毒虫毒蛇的复杂自然环境使得金三角交通闭塞，政府管理鞭长莫及，为制毒、贩毒提供了得天独厚的条件。

在法国人将罂粟带到"金三角"地区之后，不同阶段的历史环境强化了那里的毒品贸易发展，如解放战争后国民党残部在"金三角"地区的活动，越南战争对"金三角"毒品源的激化作用，以及近年来职业贩毒集团的推波助澜，使得"金三角"地区成为毒品帝国。利益诱惑使得"金三角"盘踞各种势力，《湄公河行动》中提到的最大反派糯卡，其原型便是曾经显赫一时的毒枭坤沙的手下糯康。

在港产警匪片中，经常可以看到以坤沙为原型的反派大老板。坤沙人生经历可谓传奇，他有一半的华人血统，一生与缅甸政府、泰国政府、国民党逃亡部队、缅甸共产党、国际禁毒组织等打交道。缅甸战乱期间，他在缅甸组建了自己的军队，以民族独立的名号贩卖毒品，鼎盛时期，他手下的兵力有两万人之多，在他"管辖"的地区，道路设有关卡，征收税费，宛如"国中之国"。

2013 年上映，由陈木胜导演的电影《扫毒》讲的也是警察与"金三角"地区毒枭之间的斗争，其中的大反派原型正是来自坤沙———一个拥有军队背景，手下多是军人，手握重型武器的毒枭。《湄公河行动》的反派在现实中曾经是坤沙的手下，在坤沙投降缅甸政府后，他接下了坤沙的位子，带领散兵游勇继续贩毒，并且对湄公河的往来船只收取保护费。

电影《门徒》中，刘德华扮演的"昆哥"正是坤沙的模样，现实中，坤沙贩毒，心狠手辣，为了上位，不惜杀死自己的岳父。他贩毒，但是他不吸毒，管理手下的要求是严禁吸毒，一旦沾染毒品，立即枪决。在尔冬升的创作下，"昆哥"是一名毒枭，同时还是一个人，增添了许多人文关怀。昆哥生活低调，有钱不敢花，做事谨慎，个人生活中，步入中年危机，身有恶疾，未老先衰，子女问题也令他头疼。

坤沙之后的糯康统治则换了一番天地。糯康本人吸毒，他的队伍里，从成年人到儿童全部吸毒，《湄公河行动》中出现的娃娃兵在现实中真的存在，当地的小孩子在年幼时即被他抓去，用洗脑和毒品控制的方式让儿童为他卖命。杀俘虏、爆头、人肉炸弹等血腥暴力的镜头亦是惨案细节的戏剧还原，作为毒贩，糯康不但制毒、贩毒，而且催生吸毒人群。糯康控制贩毒集团时期，"金三角"地区的毒品大量流入我国云南地区，在那里催生了一批制毒、贩毒、吸毒的群体。

地理上，"金三角"地区与云南思茅临近，思茅成为我国禁毒的前沿阵地，当地村民则成为首批受害者。与"金三角"接壤的地区有一些村落，因为大量村民参与吸毒，被人称为"吸毒村"。在那里，人的衣食住行、婚丧嫁娶无不与毒品搭上关系。

早期，"吸毒村"的村民只是抽鸦片，随着毒品种类增多，一些人开始服用海洛因和"冰毒"。感到困乏之际，村民们就用毒品来刺激神经，使神经兴奋，吸毒后，干起农活来都不觉得累。据报道，村民不止自己服用毒品，还会把毒品拌在牲畜的食物里，喂给牛、马吃，如此一来，它们干活时更有劲头，效率比平时高出许多。牛贩子在买牛时也会给牛吃"冰毒"，为了让牛看起来精气神十足，买上一个好价钱。

按说偏远地区的村民，人均收入有限，怎么能消费得起毒品？还顺带着给自己牲口也买一些？实则那里地处毒品运输、交易的便捷之地，价格便宜，购买毒品如同购买香烟一样。有的村子，从清朝末期开始祖祖辈辈抽大烟，没有人认为抽大烟是吸毒，平日里，村民们用鸦片招待朋友，就像用茶叶、水果招待客人一样。与缅甸交界的地方，许多中国小伙儿会娶缅甸姑娘为妻，女方带来的陪嫁多是鸦片，算是当地特产，又是值钱之物。在缺医少药的贫困村寨里，鸦片是药品，也是一个家庭的重要经济来源。

在"金三角"地区的农民，世世代代过着贫穷闭塞的生活，庄稼收成不好，存活困难。和农作物相比，罂粟容易成活，不用浇水施肥，不用伺候，也没有虫害，收割的鸦片却能卖一个好价钱。是故，一百多年来，那里的农民世世代代种植罂粟，制作鸦片，鸦片是他们唯一活下去的经济来源。尽管缅甸政府开始大力禁毒，仍然有大量农民在种植罂粟。

因此云南边界地区的人们便能以最方便、最廉价的方式接触到毒品，不过，每一个具体的吸毒者都有着独特的与毒品"第一次亲密接触"的经历。有的人因为家族世代有抽大烟的传统，并不觉得那是毒品，有的农民在种植橡胶发家之后染上了毒瘾，有的年轻人则在酒吧、夜总会等地稀里糊涂地尝试吸食，久而久之形成毒瘾，戒也戒不掉。

据官方数据显示，吸毒、贩毒者中，低龄化现象越来越严重。贩毒的成年人利用法律的漏洞派未成年人贩毒，未成年人即使被抓，很快就会放出来。于是，运送毒品的工作越来越频繁地由未成年人负责，未成年的孩子在懵懂无知中成为毒贩，有的人逐渐成为吸毒者。

这些人远没有坤沙、糯康那样潇洒，靠毒品成为一代"枭雄"，对地区、国家甚至国际毒品市场产生影响力。坤沙在投诚缅甸政府后落了一个善终，虽被监禁，但是生活水平不差，拖着一个带病的身体活到了 74 岁。那些因为吸毒、贩毒而身体受到摧残，妻离子散的瘾君子们呢，除了受尽了毒品的苦，毁掉了一遭人生路，还能剩下什么？

第九章

别无选择地长大——童年期障碍

起跑线上慢半拍——精神发育迟滞

昊昊的妈妈于莉非常后悔，如果她早一点发现昊昊的"慢半拍"并非一般地比别人慢半拍，昊昊也不会年满 7 岁还在读幼儿园。每每提到昊昊，于莉都是一脸的痛心，对她和她老公来说，他们宁愿用手里的所有财富换取昊昊的健康成长，如果上天再给她一次机会，她一定把更多时间花在昊昊身上。

于莉怀昊昊时，她刚刚放弃"夜蒲"的生活方式一个月，戒烟戒酒不到三个月。她本来打算调理好身体，在一个生活节奏相对规律的时间再要孩子，可是意外总是比计划来得快，既然怀孕了，于莉没有想过打胎，于是她提前进入妊娠状态，比她的计划提前一年多。

生昊昊时，于莉和她老公坚持要顺产，不料产程太长，导致产妇大出血，婴儿缺氧，医生抢救之后，母子二人性命保住了。随着昊昊一天天长大，于莉发现他的与众不同，昊昊发育明显比同龄的孩子晚，别人家孩子会走了，昊昊刚刚会爬而已，别人家的孩子会喊爸爸、妈妈了，昊昊只能"啊""啊"地用比画表达他的想法，快两周岁时，昊昊才学会走路，说话依然停留在啊来啊去的水平，大人越是教他发音，他反而越不想发声。

年满 3 周岁时，于莉把昊昊从婆婆家里接到身边，这时候她才发现昊昊的问题有多严重。在这之前，昊昊的奶奶一直说这孩子比其他孩子发育得慢，但是没有跟她讲更多，见到了昊昊，于莉的心一下子就凉了。三年里，她紧抓住手头的工作不放，希望赚得多一点，再多一点，她还为昊昊查询幼儿园，选学区，咨询国际学校，而她的昊昊不能说清楚一句完整的话。

于莉情急之下辞了工作，专门带昊昊四处看病。治了几次，但是疗效欠佳，昊昊的语言能力发展得特别慢，人际交往方面，他没办法和同龄孩子交往，只能和比他小的孩子玩；运动能力方面，昊昊有时候常常不听管教，活跃起来就无法安静，只能部分理解大人的教导。

入幼儿园时，于莉不希望昊昊被看作是异常孩子，把他送到了正常的幼儿园，可是他跟不上同龄孩子的节奏，在幼儿园经常闯祸，因为于莉断断续续地带昊昊出去看病，昊昊在幼儿园生活变得杂乱无章。5岁时，昊昊表现出一些奇怪的行为，比如他看到电视里有人吵架，他就对着电视机喊，大力捶打桌子，于莉带他到商场、公园等人多嘈杂的场所，昊昊便一直哭，哭到回到家里为止。

治疗多次，昊昊的行为有些改善，但是无法自行料理个人卫生。在幼儿园里，他想吃就一定要吃到嘴，想睡就睡，有时会把大便弄到裤子上，有时候把午饭吃得到处都是。以昊昊的状况，待在幼儿园尚且困难，他根本无法适应学校的生活，可是眼见昊昊一天天地长大，幼儿园也不再希望他继续待下去，昊昊何去何从，于莉并没有做好打算。

案例中的昊昊属于精神发育迟滞的典型例子。所谓精神发育迟滞，又称精神发育不全，是一种多种原因引起的脑发育障碍所致的综合征。精神发育迟滞的主要特征是智力低下和社会适应困难，个别伴有精神或躯体疾病。精神发育迟滞患者发育较晚，随着年龄增长，智力有所进步，但是大大逊于同龄人，中度、重度患者在成年后的智力水平依然停留在儿童阶段，治疗和生活都会给家庭带来负担。

精神发育迟滞的原因有很多，染色体异常或基因异常可引起精神发育迟滞，围产期窒息、产伤、颅内出血、感染、早产儿或极低体重也会导致精神发育迟滞。缺氧是一个比较常见的原因，包括胎儿在子宫内缺氧和生产时缺氧。如果孕妇有妊娠期高血压，或者胎儿出现脐带绕颈、脐带扭转等情况，胎儿会缺氧；难产、生产时间过长都会对婴儿的大脑造成损失。此外，早产也是高危因素，研究表明，早产儿出现精神发育迟滞的比例比足月儿更高。若是婴儿患有脑炎、癫痫等疾病，大脑造成的损伤，也有可能出现精神发育迟滞。

按照正常的成长轨迹，如"三翻、六坐、八爬、五伸手抓物"不能判断精神发育迟滞儿童的成长轨迹，患儿往往比同龄孩子"慢半拍"，超过正常的发育时间点也不能完成相应的机能发展，如同龄孩子一周岁左右便能走路，患儿却依然只会爬。由于精神发育迟滞是脑神经系统发育的迟滞，遂导致相关的心理、行为、言语发育纷纷落后。

如果为人父母的神经不是粗得如大象腿，很容易从孩子的日常表现中看出其"与众不同"之处。婴儿的感官对外界刺激很敏感，对声音、光线反应灵敏，但是精神发育迟滞的婴儿目光呆滞，不会追随人和物，对外界声音反应灵敏，但是无法通过声音寻找声源。精神发育迟滞婴儿哭起来时间特别长，但是哭声尖锐，细小无力。行动方面，精神发育迟滞婴儿不能正常表达自己的情绪，有时候显得特别乖巧懂事，不明所以的父母以为自己的孩子从小懂事，不哭不闹，遇到这种情况，家长要多一份怀疑，孩子是真的乖巧，还是不会哭闹？

随着孩子一天天长大，如果存在精神发育迟滞，表现出来的特征会更多、更明显。比如孩子拿不住玩具，对周围人和事物缺乏兴趣，不喜欢与同龄小伙伴玩耍，到了七八个月不认识爸爸妈妈，十个月时不能扶墙站，也不会动手抓东西吃，到了两周岁后，同龄小朋友可以用短单词与父母交流，精神发育迟滞的孩子则明显晚很多，发育得慢很多。

任何疾病共享一个道理，早发现、早诊断、早治疗，才能避免更大的悲剧发生。婴儿三个月时，如果家长能发现，属于超早期发现，六个月时发现属于早期，及早介入治疗，如果是轻度精神发育迟滞，可以利用教育方法开发智力，贯穿从婴儿到幼儿到儿童阶段的治疗能够帮助其养成良好的生活习惯，将来可以独立生活，甚至组建家庭。如果是中度、重度精神迟滞患儿则以护理为主，避免发生意外和伤残。

主动孤独和被动孤独——孤独症

在儿子洋洋入幼儿园之前，陈果从来没有听过"孤独症"这三个字。

不到三周岁，陈果就把洋洋送到了一家熟识的幼儿园。陈果每天要上班，下班还要照顾住院的妻子，着实没有更多精力放在孩子身上。进入幼儿园后，幼儿园老师多次跟陈果通电话，报告洋洋在幼儿园的异常。洋洋在学校总是独来独往，不喜欢和小朋友玩在一起，老师教他要遵守纪律，洋洋听过就忘记了，依然故我。有一次，陈果下班去接洋洋回家，老师跟他说，上课时，所有孩子都乖乖地听话，坐在教室里听讲，跟着老师的要求活动，洋洋突然离开了座位，跑出教室，到操场上转圈，老师费了好大力气才把他劝回教室。

陈果与妻子商量，认为洋洋年纪太小，还不适合上幼儿园，等他大一点，可能会更快地适应幼儿园的生活节奏。陈果把洋洋接回家，又从老家把洋洋奶奶接到身边，帮他照顾洋洋。洋洋和奶奶待在家里，饿了就吃，困了就睡，除了不怎么爱理会别人之外，并没有看出不妥。洋洋奶奶跟陈果说过，洋洋这孩子跟你小时候一个模样，从小就自己玩自己的，也不用大人哄，就是闹起脾气来让人受不了，他要什么东西就要马上要，一分钟都等不了。

一年之后，洋洋已经三岁半了，陈果重新把他送到幼儿园，结果发现和一年前没有什么区别。幼儿园老师反映说，洋洋特别不听话，其他小朋友都在画苹果时，他却在纸上乱涂乱画，老师在教唱歌、跳舞时，洋洋在队列里乱跑乱窜，有时候还无缘无故地打小朋友。老师批评他，他好像没有听到一样，一样的错误重复犯，一点不见他听话、改进。

幼儿园园长张老师和陈果的姐姐是好朋友，她观察了洋洋一段时间，跟陈果透露了她的心里话。"咱们不是外人，我不跟你兜圈子，洋洋这孩子，我怀疑他可能是孤独症，以防万一，你还是带他到医院或者专业的孤独症康复中心检查一下。"陈果没有听说过"孤独症"，一时间搞不清楚状况，他带着洋洋去了两家张老师介绍的医院，确诊为孤独症。

他始终想不清楚，生洋洋时，他和妻子都很健康，也没有喝酒、吃药这些禁忌的行为，一切都好好地，洋洋怎么会变成孤独症呢？为了了解孤独症，陈果买了很多书，和妻子一起研究。他还注册了孤独症救助的网站，了解得越多，他对自己的后知后觉感觉后怕，洋洋年纪还小，接受康复训练的话，可以避免症状继续恶化，成年后有可能像正常人一样生活。如果再晚几年去检查，洋洋恐怕一辈子都没有办法完全康复。

带洋洋治病过程中，陈果遇到了一位与他同病相怜的父亲，对方年长他几岁，陈果叫他林哥。这位林哥的儿子已经8岁多，医生告诉他说，即使一直接受康复训练，8岁的孩子很难训练到同龄孩子的平均水平。林哥说，他儿子总是走来走去，好像不受控制一样，和同龄人在一起，他不喜欢和别人一起玩耍，始终处在自娱自乐的状态。他喜欢看电视，重复广告词，如果不给他看电视，他就大声尖叫，大吵大闹，日常生活方面，从穿衣吃饭到上厕所，林哥夫妇俩要全程照顾，不然他就搞得一塌糊涂。因为孩子这个状态，林哥没有办法送他去读书，只能让他待在家里，夫妻俩轮番照顾他。看着站在林哥身边的小男孩，陈果又看了一眼在教室中接受康复训练的洋洋，心头一沉，不知道该用什么方法让他的儿子摆脱那样的命运。

孤独症，又称自闭症或孤独性障碍，是广泛性发育障碍的一种。广泛性发育障碍还包括亚斯伯格症、雷特氏症和儿童崩解症等。这些病症都表现在社会交往、人际沟通、日常行为、兴趣爱好和活动能力等方面，只是侧重方面不同。孤独症是最常见的广泛性发育障碍，患儿主要表现在社会交往、人际沟通、活动和兴趣方面的缺陷，孤独症患儿还会表现出轻度的精神发育迟缓。

孤独症患儿的缺陷之一是社交缺陷，即与家人缺乏交流。孤独症的症状从婴儿时期便表现出来，婴儿不会对父母或者看护者报以微笑，从不与对方进行眼神交流，也不会主动与看护者玩耍，感到恐惧时，幼儿也不会依偎到父母怀里。稍大一些，患者表现出独来独往的个性，不与其他儿童玩耍，更愿意自己待着。在外人看来，他们主动将自己置于孤独状态，其实患儿本人是不自知的，他是被动地陷入地孤独，因为他不善于与人情感交流是大脑的缺陷。

其次是沟通缺陷。近一半孤独症患儿语言发展不良，他们只能简单地模仿他人说话，无法自行组织语言表达内心想法。即使后天康复训练使得患儿的语言表达有所发展，也比不上同龄儿童的平均水平。

第三，孤独症患儿喜欢仪式感强烈的活动，如玩玩具，他们不会把玩具变成一套游戏中的一部分，而是拆解玩具，做出古怪的、重复的行为。他们在生活上喜欢有规律的节奏，每天按时睡觉、按时起床，吃固定的食物，在固定的时间做固定的活动，如果中途发生意外，比如车辆在马路上抛锚导致不能行进，患儿准会勃然大怒，变得无法控制。

伴随孤独症的是智力障碍。大多数孤独症患儿存在中度、重度智力障碍，智力障碍导致成年后的孤独症患者依然要在看护下生活，离不开家人或者专业的看护机构。媒体报道和艺术作品中喜欢强调孤独症儿童或者成年人的"天才"一面，如电影《雨人》中达斯汀·霍夫曼扮演的孤独症患者有着高超的数学能力，虽然他长年住在医院里，衣食住行需要人照顾。这类人被称作"低能天才"，但是在孤独症患者中的比例非常少。

在孤独症治疗中，治疗师采用药物治疗和心理社会疗法结合的方式。许多药物被临床应用证明可改善孤独症儿童的症状，如多动、刻板行动、睡眠不宁、紧张等。抗精神病药物可以缓解强迫行为和重复行为，增加患儿的自我控制能力。但是这些药物不能根治症状，想要长久改善患儿的症状需要配合心理社会治疗。

孤独症患儿的模仿能力被用于引导他们学习说话、参加社交活动以及减少不适宜的行为。专门的康复训练机构还会提供相应的教学资料，从认知、运动和沟通技能等方面帮助患儿改善症状。还有一些针对患儿父母的课程，以便患儿在家里能够接受同样的训练。研究表明，在学校和家庭中同时接受行为治疗的孤独症儿童在认知能力和行为控制方面取得了显著的进步。

与众不同的大脑——学习障碍儿童

雅雅今年 7 岁，读小学二年级。雅雅矮矮胖胖的，喜欢穿带圆点的漂亮衣服，扎羊角辫。初看雅雅的模样，许多人觉得她是一个乖巧伶俐的小姑娘，谁知道，雅雅在同学间的外号竟然是这样的：麻烦鬼、鼻涕虫、马大哈、猪头妞……

雅雅从入学开始就是这个样子了。上课的时候，雅雅喜欢打扰同学，扯着她的同桌聊天，给别人制造麻烦，没人搭理她的时候，她一会儿站起来东张西望，一会儿鼓捣鼓捣小东西，在安静的教室里弄出奇怪的声音。雅雅喜欢在老师讲课时插嘴、接话，老师说不完上句，她开始说下句，当老师叫她回答问题时，她却目光呆滞，一个答案说不出来。

雅雅还是一个脸皮薄的小姑娘，她写作业磨磨蹭蹭，马马虎虎，时常将左边的字写到右边，老师说她两句，她便哭个不停。哭过之后，该多写的依然少写，老师跟她讲了许多遍，她就是记不住。因为她学东西特别慢，又很情绪化，听不得老师、同学说她不好，时间久了，老师懒得和她较真儿，同学则背地里叫她猪头，或者猪头妞。

后来，雅雅因为被人叫猪头妞，和一个男同学打了一架，打到双方家长到校长办公室对峙，事情平息之后，雅雅妈妈和她的老师谈起来雅雅学习不好的问题，原来，雅雅的情况从幼儿园便开始了。那时候，雅雅是幼儿园里最难管的孩子，她不遵守课堂纪律，学东西也很慢，其他小朋友张口便背"人之初、性本善……"，雅雅对背书不感兴趣，她也背不出来。每次，雅雅妈妈想给她讲点什么，她就坐在那里发呆，不是玩手上铅笔、橡皮，就是东倒西歪地动来动去，妈妈跟她凶一点，她就开始哭，哭起来没完没了，学习自然就放到一边了。

雅雅老师说的情况和她妈妈的观察有过之而无不及。老师说，雅雅并不是智商上有缺陷，但总是和其他孩子差一点什么，她注意力不集中，过度活泼，不受控制，还非常情绪化，她高兴或者不高兴都是别人的灾难。最关键的是，她往往一腔热情地准备做功课，没过五分钟便失去耐心。因为同学给她起外号这件事，雅雅在班级里已经和同学闹过多次不愉快了，一次，她把一个一直叫她"鼻涕虫"的女孩推到了墙上，幸好没有发生意外；她还偷偷给一个同学的铅笔盒里放粉笔灰。

雅雅妈妈听后懊恼得很，她的初衷是把女儿培养成一个知书达理、端庄大方的淑女，不过7岁而已，怎么变成了这副样子？难道是她的培养方式有问题？还是说，她误解了孩子的天性，雅雅天生没有成为淑女的天分？

学习障碍儿童在智力发育方面没有太大的缺陷，个别人或者偏高或者偏低，基本上处在正常范围内。学习障碍主要体现在听、说、读、写、计算、思考等学习能力的某一方面或某几方面，同时伴有社会交往和自我行为调节方面的障碍。

入学儿童的学习障碍除了学业不良，还表现为注意力不集中，做事虎头蛇尾，缺乏时间观念和任务感。慵懒、拖沓，学习兴趣肤浅、范围狭窄、兴趣不能稳定持久，易于见异思迁，非常情绪化。行为上表现出活动过度、问题行为、违纪行为、自我控制力差，与同学之间的人际关系差，有的儿童存在逆反心理及情绪对抗。

在学业方面，学习障碍在数学、阅读和书写表达方面表现得比较明显。

阅读障碍也被称为诵读障碍，包括阅读方面的各种缺陷，如无法识别字词、认字、记字困难、搞混形近字，阅读时速度很慢，难以按时完成作业，能看懂图画书、故事书，但是无法理解缺乏情节的说明文。

数学障碍即在数学学习方面遇到的障碍，包括理解数学名词、识别数字符号、计数以及理解数学定理方面的障碍。虽然很多人承认自己数学不好，尤其是文科生，数学根本是他们的天敌，在众多"数学学渣"当中，真正意义上的数学障碍者只有极少数。儿童中大约有 1% 的比例。数学障碍会在二三年级时表现出来。书写表达障碍包括书写能力的缺陷，如在拼写、造句、组织段落以及书写工整方面有严重困难。相对来说，书写表达障碍相当少见。

学习障碍不止出现在学龄儿童身上，我们熟知的一些名人也与学习障碍打过交道。如好莱坞电影明星汤姆·克鲁斯，他从小患有学习、阅读障碍，他从 7 岁起不能读书，书本在他面前如同火星文一般，读了之后脑子里一片空白，什么都记不住，无论他如何专心努力，结果是一样的。

"阿汤哥"为此焦躁、紧张、烦恼、恐惧，可是一点用也没有，他就是不能学习。勉强熬到高中毕业，他没有去参加毕业典礼，更没有继续升学的打算。离开学校后，他原本想从事健身教练的职业，后因为摔伤不得不放弃。尝试在娱乐圈发展之初，"阿汤哥"最害怕的就是读剧本，那些需要读完脚本马上进入角色的面试，"阿汤哥"只能通过与制片人聊天来了解电影中的人物。

维珍集团的创始人理查德·布兰森曾经是一个学习障碍儿童。他在学校的成绩非常糟糕，被人看作又懒又笨的人，唯一拿得出手的是体育能力。后来，布兰森慢慢了解了阅读障碍到底是怎么回事，因为阅读障碍，他的思维特别活跃，没有办法集中注意力，在企业管理中，他把劣势变作了优势，思维活跃让他拥有了高效率的沟通方式。当然，在翻阅商业文件时，他需要助手在他身边大声地朗读出来。

　　阅读障碍是一种无法完全治愈的疾病，如果有科学的方法进行干预，可以有效地缓解症状，让儿童在成年之后不至于看见文字依然晕头转向。在面对阅读障碍问题方面，国外的家长更理智、更淡定。比如英国的家长发现孩子阅读能力有缺陷后，会请心理学家对孩子的阅读能力进行评估，之后与学校、老师一起给予孩子相应的训练。国内的家长对阅读障碍还没有正确的认识，常常把阅读障碍当作学习障碍，甚至由此认为孩子愚笨、不上进、不认真，其实患儿本身才是最大的受害者。

　　学习障碍并不是儿童自己能控制的，因此家长应该正视，给予孩子足够的关爱，如果能及时发现，为孩子提供相应的能力训练会更好。学习障碍并不妨碍"阿汤哥"、布兰森等人在各自领域取得成就，但是大多数患儿都是普通人，及时干预能解决许多现实的问题，如减少没能完成高中学业的比例，让更多儿童在成年后找到一份称心的工作。

谁家孩子动太多——注意力缺陷和多动症

都说孩子是天使，是上帝送给人间的礼物。走上讲台之后，林薇不再有这种想法，在她看来，大多数孩子是天使，也有不少小恶魔，以天使的名义混杂其中，时不时地展露其恶魔本性。这些孩子令林薇感到头疼，不知所措。

在说长不长说短不短的执教生涯里，林薇遇到过这样那样的捣蛋鬼，小凯是其中一个最令她头疼的孩子。小凯转学到林薇的班级时是二年级，他只有七岁半。第一天上课，林薇发现他非常不安分，注意力不集中，十分钟都坚持不了。如果兴奋起来，小凯满教室地跑来爬去，搅和其他同学没有上课，老师也很无奈。

林薇起初没有觉得不妥，七八岁的小男孩正是最淘气的阶段，调皮捣蛋是正常的，尤其他刚刚转学，重新进入一个新环境，难免有不适应的地方。一个月后，林薇发现小凯的"调皮捣蛋"不仅没有收敛，还升级加码。他好像不知道自己在干什么，无理由地突然做一些事情，有时候他会跑到林薇跟前，对她做一个鬼脸，有时候，他在走廊里又唱又跳，一秒钟都停不下来。

有一次，林薇叫住他问道："你不能安静地待一会儿吗？"

"老师，我安静啊。"小凯一脸无辜地回答道。

"你在走廊里又喊又叫，你能告诉老师，你为什么要这么做吗？"

"我开心呀，开心的时候就想唱歌。"

面对小凯的回答，林薇无力反驳。林薇想要继续和他交流，她都准备好了，哪怕苦口婆心，她也要让小凯知道在学校要遵守纪律，上课要安静，这样老师、同学才能好好学习，下课也不可以大喊大叫，那样会吵到其他班级的同学。小凯听着听着就走神了，小眼睛滴溜溜地转着，不知道他在想什么。第二天小凯故态复萌，依旧我行我素。

林薇和小凯妈妈沟通过，小凯妈妈说，小凯从一岁多时就是这个样子。刚刚学会走路，他就想要跑起来，等他走路顺畅，说话也利索了，小凯妈妈发现小凯变得特别闹腾，一刻钟都停不下来。小凯在家里经常做的事情就是早晨四五点钟起来，到他的房间里把各种玩具掏出来，扔得到处都是。有时候，他也会跑到厨房去，用蔬菜、垃圾、玩具把厨房搞得一片狼藉。小凯不喜欢安静地坐着看电视，也不喜欢玩需要耐心等待的玩具，他喜欢和狗一起玩，喜欢骑四轮车，喜欢跟着杰克逊的音乐跳舞。

林薇提醒小凯的妈妈，小凯有着超过他年龄的冲动性，而且学习成绩很差，开学三个月进行了三次月考，小凯的成绩一次比一次差，林薇建议小凯妈妈带他去看医生，是否有些心理方面的问题。林薇本想说明她的观察，小凯的行为表现特别像多动症，看小凯妈妈脸色不太好看，林薇没有把话挑明。

暑假过去后，小凯跟着林薇升入了三年级。新学期家长会后，小凯妈妈悄悄跟林薇说，她带小凯去看医生了，说是注意缺陷障碍，正在接受康复训练，希望林薇平时能多注意一下小凯。见小凯妈妈态度转变，林薇欣喜答应。家长主动意识到问题的严重性自然比她的"多管闲事"要有效得多，况且，她毕竟不是专业人士，即便多加注意，始终是有心无力，多动症需要专业人士的介入。

所谓注意缺陷障碍，又称多动障碍、多动症。像小凯这样的孩子，不管他们多么可爱，多么会卖萌讨喜，在学校里，他们往往是表现很差的那一类同学。他们不能集中注意力，也不能控制自己的行为，让自己安静下来，是故，他们往往无法吸收老师教授的知识，在学业测试上拿不到与智力水平相当的成绩。同伴关系中，这类孩子也会遭遇困境。因为他们的言语充满冒犯性，脾气暴躁，只以自己的规则做事，人际交往时常遭到同伴拒绝。

被诊断为注意缺陷障碍的儿童成年后出现反社会人格、滥用药物、焦虑障碍的概率更高，注意缺陷障碍的儿童还可能伴有品行障碍，成年之后，他们可能与犯罪、滥用毒品、情绪问题脱不开关系。当然，也有不少儿童随着成长顺利摆脱了注意缺陷障碍，过上了正常、健康的生活。

谁家的孩子容易得注意缺陷障碍呢？研究发现，患注意缺陷障碍的儿童在神经机能和脑血流量等方面和正常儿童不同。而且，这一障碍有家族遗传性。患儿直系亲属中患这一疾病的概率高于正常家庭10%~35%，患病儿童的家庭成员如果没有同样注意缺陷障碍，也可能出现反社会人格障碍、酗酒、抑郁症等。另有研究表明，母亲在怀孕期间中毒或者严重饮酒，可导致注意缺陷障碍等问题。从社会、家庭角度看，生活在动荡的家庭中，儿童容易出现注意缺陷障碍。注意缺陷障碍的儿童，其父亲表现为反社会行为和犯罪行为，母亲的交流方式则充满敌意和冲突。

注意缺陷障碍的儿童亦可从药物治疗和心理社会治疗入手。在美国，一段时间里，兴奋剂和抗抑郁药被列入注意缺陷障碍的儿童处方中。这类药物对认知表现有一定的积极作用，在从治疗效果来看，抗抑郁药物的效果不如兴奋剂有效。药物治疗的弊端是效果短暂，想要长久消除注意缺陷障碍的症状，在配合兴奋剂治疗的同时，可从儿童的日常行为开始矫正。

如按照行为疗法，以协议的方式要求儿童按照规矩做事，如饭前洗手、摆放好餐具、收拾玩具，如果儿童做到了协议中规定的行为，便获得相应可以换取食物或玩具的筹码，如果出现发脾气、攻击行为、情绪失控等则扣除相应筹码。这个方法可以由治疗师和家长配合起来使用，以便系统地控制孩子的冲动行为。研究表明，在不使用药物治疗时，一般的社区看护治疗也会对儿童的注意缺陷障碍起到缓解的作用，特别是在攻击性行为和注意力不集中等方面。

三岁看八十——人生早期多关键

　　我国有句古话叫"三岁看八十，七岁看终生"，这句话有道理，也不代表全部道理。人的发展取决于脑的发展，幸运的是，人的大脑是唯一一个后天依然可以继续塑造的器官，关键时间便是人生的前三年。

　　3岁之前是大脑发育的关键时间，脑重量在婴儿出生后第一年便接近成年人脑重的60%；到第二年末则接近出生时的三倍；年满3周岁，幼儿脑重接近成年人脑重。此后大脑发育速度放缓。当然，现代脑神经科学已经表明，人的智力发展与脑重量关系不大，而在于大脑沟回的多少、深浅。这当然与前三年的大脑发育分不开，大脑在增长容量的同时，还促进神经元的发育，神经元彼此连接的神经束正是信息传递的通道。举个简单的例子，神经束如同城市的道路，道路、桥梁、地下铁铺设在城市的地上地下，形容四通八达的交通网，使得城市交通更加便利，信息在大脑中的传递是类似的道理。

　　那么，是什么促进大脑的发育与神经元、神经束的发育呢？有一个说法认为是语言。迅速发育的大脑具有接收信息的功能，从听觉、视觉、触觉来感受这世界。传统的教育观念认为，小孩子不会说话不会走，什么都不懂，大人可以在他们面前任性胡说，这种教育观念恐怕已经落后了。

　　研究表明，3周岁时，孩子已经对周围环境、人有一个认识，他们不会立刻表现出来，但是环境塑造会体现在孩子之后的行为、语言方面。据调查，生活在贫穷家庭的孩子比富裕家庭的孩子少接收三千万个单词，而且，他们接收到的信息往往是负面的、否定的、粗俗的。所以说，将学前的早教并不是黄金时间，与父母朝夕相伴的第一个三年才是黄金时间。

从出生那一天开始，孩子便在接受教育，这个过程，父母与孩子都是不自知的。但是后天的品行、能力与志向会给出答案。有一部英国纪录片叫《人生七年》，记录了来自不同阶层的儿童在未来近五十年时间里的成长故事。拍摄者以七年为分界，每七年拍摄一次，每次拍摄持续七天。导演的初衷是想从这部纪录片反映英国在二十世纪后的阶级固化，同时，我们也能从中看到孩子的教育问题。

第一次拍摄，每一个孩子都是 7 岁。他们已经表现出个人趣味上的显著差异，有人喜欢和朋友混在一起，有人喜欢看《金融时报》，今后想进三一堂，之后去剑桥读书，有人喜欢打架，有人则不明白"大学"是什么意思……

这些差距从何而来？当然是他们过去短暂七年里所受到的"教育。"并非正式的学校教育，而是家庭教育。不论哪一个阶层的父母，能够给孩子的永远不是任何实质的东西，而是让他们受用终身的良好教育。从《人生七年》来看，真正跨越阶级障碍的途径正是教育。五十年之后，被选取的十四个孩子中的大多数人停留在他们出生的那个阶层，中产阶级出生的孩子长大后继续他们父辈的生活方式，从事律师、医生等职业，过着富裕的生活，出生低层的孩子则早早进入婚姻，晚年陷入疾病和贫穷的痛苦中。其中一个来自乡村的小伙子成了大学教授，因为他在求学过程中考上了牛津物理学系。这里面有家庭教育的培养，当然还有后天的努力。

对于那些出生便被归类为"异营"的孩子，他们的人生似乎从第一声啼哭便被固定了。比如孤独症患儿，这种疾病遗传性非常大，暂时不可治愈，精神发育迟滞儿童更危险，轻度发育迟滞的情况，如果错过干预的关键期，孩子终生需要他人照顾，如果是重度精神发育迟滞，无异于家庭的拖累，父母可能要照顾他一辈子，到死都放心不下。实际上，一些后天的努力可能改变孩子的生活模式。

12 岁的大鹏从两岁起被诊断为孤独症。身为医生的大鹏妈妈比任何人都清楚，孤独症是没有办法治愈的，如果情况不好，大鹏到成年后也不可能像其他人一样生活。即使未来悲观，大鹏妈妈也没有放弃让孩子接受干预训练。

大鹏从懂事起便害怕红色的食物，他不喜欢说话，喜欢绕着小区里的凉亭走路，有时候一走就走一个小时。他会莫名其妙地大喊大叫，如果家里人惹到他，他哭哭闹闹，还会扇自己耳光。为了给大鹏治病，大鹏父母负责赚钱，他的爷爷奶奶、姥姥姥爷则轮流照顾他，接送他到康复中心。

十来年坚持下来，大鹏的变化非常大。他能自己吃饭，上厕所，日常用品他都认得，还能和家人做简单交流，爷爷要他拿杯水，浇浇花，他都可以理解，也能做到。当然，这样的效果是家人一遍一遍教他、训练他实现的。即使这样，大鹏的怪异有时也会被人看作神经病。有一次，大鹏妈妈带他去超市，大鹏看见一个小朋友戴着他喜欢的鸭舌帽，他二话没说给抢到手里，害得小朋友哭起鼻子来。大鹏妈妈连连道歉，解释说大鹏有孤独症，做事会不受控制。小朋友的妈妈赶紧拉走了自己的孩子，嘱咐说，以后看见奇怪的大哥哥要躲远一点。

为人父母的各种心酸，不足为外人道也。如果没有长期接受干预训练，大鹏可能给人更奇怪、更异常的印象。当然，正常与怪异更依赖于民众对疾病的理解和宽容。话说回来，虽说三岁看八十，貌似是这个道理，又不是这个道理。孩子的健康与否可能不是完全由父母控制的，父母能够给予的，如果不是逆袭阶级固化的勇气，至少要有健康的心态、广阔的视野和人生格局。没有人的人生一出生便被注定，只是有的人没有那么幸运而已。

第十章

近黄昏的夕阳——老年期障碍

老而无趣——你有退休综合征吗

李大爷今年64岁，半年前从单位退休之后，终日闲来无事，待在家里难受，出了门不知道要到哪里去，他的全部"消遣"就是莫名其妙地抱怨家人。

李大爷一辈子最喜欢吃他老伴儿做的红烧肉，吃了大半辈子的一个口味，近来却百般挑剔，一会儿说糖汁儿炒焦了，一会儿说肉块炖得不够通透，搞得他老伴儿不知道怎么伺候他好了。李大爷的一对儿女无缘无故地成了他挑剔的对象。李大爷的儿子小闯和女儿玫玫都已经成家立业，有了自己的生活，李大爷一个人待着无聊，硬是叫他们每个周末回家带着孩子回家吃饭，小闯和玫玫因为工作忙，一个月能勉强回去两次，匆匆忙忙吃顿饭，当晚还要赶回去。

李大爷不高兴地说："一顿饭都没吃完就要走，不知道你们都在忙什么。"

小闯解释道："爸，我这真是没有时间，明天一早还要送孩子去舞蹈班呢。"

"既然你们都忙，以后周末不要回来了。"李大爷一脸不高兴。

"爸，您这不讲道理啊。"小闯想要继续解释，玫玫抢话道："以前您总是鼓励我们要以工作为主，不要整天往家里跑，现在您退休了，大把时间闲得慌，我们以工作为主还不对了吗？"

"啊，照你说的，我是闲得没事儿叫你们回来吃饭？行了，行了，你们赶快走吧，以后也别来了。"

玫玫想要继续辩驳，被小闯拉走。临了，玫玫忍不住跟小闯抱怨："真受不了爸那个样子，他忙别人不能闲着，他退休了，咱们也得跟着他一起退休？讲不讲道理，谁有那么多时间陪他吃饭、喝茶？当年那么多跟在他身边端茶递水拍马屁的人，现在也不见有人到家里看他，折腾自己儿女算什么本事！"

李大爷被玫玫气到了，一时间没了喝茶、逛公园的心思，整天窝在房间里，不是睡觉便是看电视，小闯回家看李大爷两次，觉得他的状况不好，遂找玫玫商量道："小妹，咱们应该给咱爸找点事儿做，再这样下去，他不生病，咱妈要生病了。"两人跟社区活动中心的刘阿姨说了情况，经验丰富的刘阿姨一听便了解了李大爷的情况，道："老李他呀，以前在单位里被人尊重，被人捧着哄着，这一下退休了，生活圈子变了，心理落差大，心烦气躁很正常的。你们早点告诉我，我办法多呀，咱们社区中心有书法社、合唱团、交谊舞班，还要钓鱼社团，肯定有你爸爸喜欢的。"

"那拜托您了刘阿姨，如果您给我爸带进这些社团里，我可得好好谢谢您。"玫玫如找到救星一般，激动道。

一个星期后，李大爷被刘阿姨拉进了社区老年合唱团。李大爷年轻时是单位的文艺骨干，嗓音嘹亮，还研究过美声唱法。一个星期排练三天，周末去其他社区义务演出。充实的生活让李大爷变得更有活力，他不再整日在家待着，不挑剔老伴儿做的菜难吃，也不三天两头地打电话给一双儿女喊他们回家吃饭了。

歌里唱道："最美不过夕阳红，温馨又从容，夕阳是晚开的花，夕阳是陈年的酒，夕阳是迟到的爱，夕阳是未了的情。有多少情爱化作一片夕阳红。""最美不过夕阳红"，只是夕阳红来得不容易。从退休那一天开始，许多老人因为生活节奏的变化，不知所措，心情消沉。告别被工作占据一整天的生活，突然手里有大把时间，老人不但没有高兴，反而孤独空虚，浑身不自在起来。

这种因为工作习惯、生活规律、周围环境、人际交往、社会地位、工资待遇、权力范围等一系列因素导致的变化引起的身心不适感，被称作退休综合征。退休综合征这个概念是由一位美国学者在 1984 年提出来的。退休综合征让老人出现各种不良情绪，如失落感、孤独感、无力感、无望感等。

像案例中李大爷的情况，正是退休综合征的表现。在单位是领导，多年里过的是众星捧月的生活，放在工作上的时间、精力比放在儿女身上的多，退休了，突然告别几十年如一日的生活，李大爷内心的失落、失望、焦虑、困惑很难被他人理解。所以他表现得那么挑剔、难缠、自我中心。这是大多数被退休综合征困扰的老年人的常有状态。

退休综合征如何应对？老年人调整好自己的心态很重要。心情不好可以找老伴儿、儿女或者老朋友聊聊天，分享内心感受，把内心苦闷说出来；老年人更要自己寻找乐趣，可以依照个人兴趣参加个人活动，如李大爷那样参加个合唱团，把年轻时被工作耽误的个人兴趣重新捡起来。也可以养花、养鸟、下下棋、跑跑步，寻找兴趣相同的老朋友，建立新的朋友圈。

不少退休老人并不把退休当作职业生涯的结束，而是继续工作，发挥余热，贡献社会。实际上，一些成熟型社会已经出现了针对退休老人再就业的机制，如德国政府提倡"弹性退休"，逐渐提高退休年龄。有的企业会为退休老人提供继续就业的岗位，社区里则建设有老年人俱乐部、社区大学，保证老年人在离开岗位后还能与社会保持接触。日本政府则大力推广"退休老人再就业"，让退休老人可以做一些力所能及的工作，如停车场看管员、闹市区街头向导、公共秩序协调员等。北欧国家如丹麦则给退休老人一个缓冲期，法定退休年龄是 67 岁，从 60 岁开始，老年员工的工作量逐年递减，帮老年人适应闲适、轻松的工作状态。

我国老年人的退休活动，最惹人注目的便是广场舞了。广场舞之所以大行其道，自然有现实基础。首先，广场舞成本很低，对于旅行、登山、室内健身等休闲方式来说，一些退休收入一般的老年人更愿意融入广场舞的群体中，寂寞空虚的老人老有所乐，还能抱团取暖。更重要的原因是，退休老人的娱乐方式匮乏，老年人活动中心、终身学习中心、老年大学等机构在国内并不普遍，和读书看报、学习打球、打太极拳相比，广场舞简单易学，又人多热闹，自然获得城乡退休老人的青睐。或许我们可以换一个角度看，走到广场上去跳舞的老年人，至少摆脱了退休综合征的困扰，不至于因为生活方式的改变而身心受困。

老人身心不舒服——抑郁症惹的祸

经历一次中风住院后，孙阿姨左边身体活动变得不太灵活，她的日常活动，如去超市买菜、到公园遛弯变得费力。后来她嫌出门一次太麻烦，干脆放弃外出活动的念头，整天在家里待着，不到一百平方米的房子成了她最大的活动场地。

孙阿姨是一个性格热情的人，喜欢跟人聊天，喜欢凑在人堆里，她老伴儿脑血栓卧床三年，孙阿姨尽心尽力地照顾他，老伴儿半年前心力衰竭去世，她的精神头一下子垮了，这一病，更让她心情苦闷。她女儿一个星期去看望她两次，剩下的许多时间里，只有上门替她做饭、料理家务的小时工能陪她说会儿话。这一憋闷，可苦了孙阿姨，时间久了，她变得不爱动，也不爱说话，女儿跟她说些日常闲话，她也不像之前那样热情回应，反而以简短、低弱的声音回答。

孙阿姨的女儿观察她一段时间，发现她面部表情特别少，有时候整个人呆呆地，不知道她在想什么，跟她说句话，她半天才有反应。孙阿姨经常感叹说，"人老了，没用了，像我这样活着，还不如跟你一起走呢"，"早走的人享福，晚走的人受罪"，不知道她是自言自语，还是跟谁说话。

孙阿姨的女儿带她去医院复诊时，主治医师瞧出孙阿姨的不对劲儿，建议她女儿去精神心理科咨询一下，果不其然，孙阿姨的情况属于老年抑郁症的表现。这类老年人行为阻滞，身体活动变少，思维缓慢，意志消沉，程度严重者会出现自杀。孙阿姨的女儿咨询之后后怕了好一阵，为了防止孙阿姨出现意外，她决定搬回孙阿姨那里和她一起生活，既可以时刻照看她，还能定期带她到医院接受检查和治疗。

老年期的抑郁症多与疾病有关，老年人的慢性疾病，如高血压、心脏病、胃溃疡、关节炎、糖尿病等拖延时间长，治疗并不能取得良好效果，老年人对疾病力不从心，心情沮丧，老年人不会像年轻人那样报告自己的心理症状，他们对生活失去兴趣、失去活力、绝望、无助一味地忍耐，从而导致老年人的抑郁症经常被家人忽视或者被误诊。

另外，老年人可能要面对伴侣长期卧病或者死亡的情况，这也是导致抑郁症的原因之一。大部分人在伴侣去世后表现出抑郁症状。短暂的情绪失落、负罪感、低自尊、自杀倾向可能是死亡悲痛带来的，如果这些症状持续数月，患者表现出生不如死、持续的机能损伤，可以考虑抑郁症诊断。

老年人的抑郁症处理起来比较复杂，好多慢性疾病都可以引发类似抑郁症的症状，如多发生硬化、帕金森氏症、脑血管疾病、甲状腺功能减退等，因此在对老年人的抑郁症进行诊断时要进行彻底的健康检查，排除可能导致抑郁症的的疾病因素，方可判断抑郁症是原发性还是药物治疗导致的。

老年抑郁症的治疗，抗抑郁症药物的使用当然是有效的，因为老年人对药物的反应比年轻人敏感，一些可能对心脑血管产生副作用的药物要谨慎使用。认知－行为和人际疗法对治疗老年抑郁症效果更明显，因此，治疗师通常使用药物治疗配合认知－行为疗法处理老年抑郁症。

抑郁症与痴呆症都是老年人经常遇到的疾病，二者有相似之处，而且经常并发，老年性痴呆可导致抑郁，抑郁又导致大脑功能的变化，增加老年人罹患永久性痴呆的风险，导致诊断时常常将这两种病症混淆在一起。

　　尽管很难区分，我们依然可以遵从一些原则来区分抑郁症和痴呆症。首先，老年抑郁症起病较快，发展迅速，老年性痴呆起病缓慢，发展缓慢；老年期抑郁症的症状持续较久，痴呆症患者的情绪变化多，不稳定；老年期抑郁症患者的智能障碍为暂时性的、部分性的，每次检查的结果均不相同，痴呆患者的智能损害是全面性的，而且呈进行性的恶化。尽管抑郁症患者存在记忆问题，但是他们的认知障碍远远轻于痴呆患者，更重要的是，抑郁症对自己的认知问题有自知能力，痴呆患者则没有。

　　从器质性检查来看，老年抑郁症患者没有中枢神经系统的症状，痴呆则不同，他们有严重的中枢神经系统的症状，部分患者存在高血压、动脉硬化或中风的病史，脑CT检查可发现不同程度的脑萎缩或脑梗死。服用抗抑郁症药物后，抑郁症患者出现症状好转，痴呆症患者则不见效果。很多痴呆症患者在早期特别像老年抑郁症，到了中期、晚期才表现出痴呆症的典型症状。

　　另一个容易与老年抑郁症混在一起被误诊的是帕金森综合征，主要是因为抑郁症是帕金森症的伴发症状。在人们惯常的认知中，帕金森综合征就是"抖抖病"，主要症状表现是手指震颤，抖起来不停，实际上，帕金森综合征早期伴有其他的症状，如吞咽困难、便秘、面无表情、情绪低落、闷闷不乐，而且这些症状与抑郁症有重合之处，很容易被忽视。

　　作为帕金森综合征前期的主要表现，抑郁症的发生率非常高，而且，抑郁症状早于震颤等动作出现，当帕金森综合征的患者出现了动作缓慢、震颤、僵直等，他们很可能已经抑郁了很长一段时间。到了帕金森晚期，抑郁症的危害更加不容小觑，众所周知，严重的抑郁症病人有强烈的自杀意念和自杀行为。

　　因此，当老年人出现抑郁症状时，且不可掉以轻心，要密切关注老年人的抑郁症状，同时做好心理准备，如果抑郁症只是帕金森综合征的前期表现，后期治疗可能面对更加复杂、多变的状况。对抑郁症和帕金森病有一个相同的原则，早发现早治疗，用治疗延缓病程，提高患者生活质量，避免意外发生。

记不分明有忘时——阿尔茨海默病

2017 年 4 月，广州发生了一个保姆与雇主子女争遗产的新闻，事情大概是这样的：

李某在雇主家任职多年，雇主 85 岁时去世，留下了两套房子的遗产。在雇主子女申请财产继承时，李某拿出了三份手写的遗嘱，上面写明他的两套房子，一套 61 平方米的两居室留给他女儿，另一套 69 平方米的三居室则留给李某，作为她照顾他十多年的回报。

三份从天而降的遗嘱引来了一场漫长的官司。李某的雇主原本有三个子女，在雇主去世时，他的大女儿、大儿子已经去世，但是另有一个女儿和他的孙子作为遗产继承人。这位老先生生前没有订立遗嘱，也没有与他人签订遗赠抚养协议，其他继承人放弃继承，两套房产自然而然由他的女儿和孙子各占一套。

不过，李某的上诉被判失败。原因是那位去世的老先生早在 2008 年便患上了阿尔茨海默病，记忆力下降，存在轻度认知功能缺失，之后逐渐加重，对重大行为缺乏判断能力，不能预见遗赠房屋行为的后果，也不具备处分房屋产权的行为能力。李某出示的遗嘱即便是他本人所写，也是在不能辨认或不能完全辨认自己行为的时候书写，不能代表他的真实意思。

另外，李某的雇主虽然认知功能丧失，但是具有抄写能力，不排除他按照他人意愿抄写遗嘱的可能性。最终，法官判决李某作为保姆已经获得相应的工作报酬，按照公序良俗，她拿出的遗嘱不具备法律效力，没有权利继承遗产。

这条新闻让人们关注到阿尔茨海默病患者的遗嘱是否具有效力，且来看一下阿尔茨海默病患者的临床症状。阿尔茨海默病早期，患者对自己的记忆能力有一定的自知，但是需要依靠记录、提醒来完成日常事务，对个人生活影响不大，但是患者变得缺乏主动性，活动减少，孤独，自私，对周围环境兴趣减少，对周围人较为冷淡，甚至对亲人漠不关心，情绪不稳，易激惹，难以适应新环境。

到了中期，患者无法独立生活，记忆障碍变得严重，日常里丢三落四，刚刚发生的事情也不记得，对家庭成员、亲友不能辨认，不记得自己的人生经历，也不知道在何年何月出生。

晚期阶段，患者的记忆力、思维及其他认知功能严重受损，不认识自己，也不认知亲人。语言功能退化，直到最终丧失语言功能。患者活动逐渐减少，逐渐丧失行走能力，不能站立，直到终日卧床，大、小便失禁。由此可知，阿尔茨海默病人的"遗嘱"是否具有法律效力了。

认知障碍症中，阿尔茨海默病是其中之一。认知障碍症也被称为脑退化症或痴呆综合征，是故阿尔茨海默病被通俗地称为老年痴呆。这是一种污名化用法，也是对阿尔茨海默病的偏颇概括。认知障碍症是一种症候群，包含记忆、思考、行为以及执行日常生活能力的退化，阿尔茨海默病是其中之一。除了阿尔茨海默，还有血管型认知障碍症、路易氏认知障碍症、额颞叶型认知障碍症、帕金森病认知障碍、正常压力脑积水等。在众多认知障碍症中，阿尔茨海默病是最常见的类型。

随着现代人平均寿命的增长，全球患有认知障碍症的人数快速增长。流行病学结果显示，国内的阿尔茨海默病是引起认知障碍症的首要原因，血管型认知障碍症则占第二，65 岁及以上老年人患病率为 5.14%，轻度认知障碍患病率 20.8%。

阿尔茨海默病和血管型认知障碍症因为病因病机不同，在治疗上也有所区别，区别这两种疾病还算简单。第一，阿尔茨海默病是由于大脑正常萎缩后大脑部分区域功能减退而导致的疾病，血管型认知障碍症则是指患者发生脑血管事件（即脑出血或脑梗死）后大脑局部脑细胞因各种原因坏死导致病理性改变导致的认知障碍症状。通过 CT 检查可以清楚看见二者的发病机理不同，不过，也有一种情况，即 CT 显示同时存在脑萎缩和脑血管事件，这种情况通常诊断为阿尔茨海默病（混合型）。

目前为止，还没有成功治疗阿尔茨海默病的手段。一些患者服用提高乙酰胆碱水平的药物改善了认知功能，因为阿尔茨海默病患者大脑中的神经递质乙酰胆碱水平低，由此导致了认知障碍。其他用来治疗阿尔茨海默病的药物只能治疗次要症状，如抗抑郁和抗焦虑药物可以控制患者的情绪，抗精神病药物可以控制幻觉、错觉和激动。此外，行为治疗可以控制患者的情绪，帮助患者稳定起起伏伏的情绪状况，患者的家人同时接受行为治疗，可以更有条理地照料病人，缓解照料患者产生的压力和负面情绪。

很遗憾，阿尔茨海默病在全世界范围内都是公共健康和社会保健的难题之一，因为阿尔茨海默病的诊断会带来耻辱和孤立，许多患者不得不在家中接受照料。在低收入和中等收入国家，因为健康和护理系统的不健全，无法为患者提供护理服务，患者只能依靠不科学但是温暖的家庭照料。

国内对阿尔茨海默病的认知尚处于起步阶段，系统的医疗服务当然也是如此。电视剧《嘿，老头》中患上阿尔茨海默病的老头儿，只能依靠他的儿子放弃工作、放弃个人生活来照顾他，这是国内家庭遭遇阿尔茨海默病后的普遍应对方法。家属们写不出充满爱意的《献给爱丽丝的挽歌》，只能忍着绝望、带着希望像照顾婴儿一样照顾日益老去的亲人。

为药疯狂——老年人药物滥用

小宇的爷爷今年 70 岁，自从十年前被诊断为前列腺炎，他便成了"药罐子"，每天吃药如吃饭一样，一日三次。近日来，小宇发现爷爷有些奇怪，他的药匣子里莫名其妙地多了些奇怪的草药，走进厨房，小宇还闻到一股强烈的中药味。那些中药既不是小宇给他买回去的，也不是小宇爸爸从外地托人带回来的，小宇忍不住好奇，问爷爷道："爷爷，这些中药是谁给你买的？"

"我自己买的。"

"您自己买的？是治什么病的？"

"这两天有点变天，我这气管有些不舒服，我就让老李头给我开了点药。"小宇爷爷口中的老李头是他多年的好友，年近 80 岁的退休老中医，小宇爷爷对老李头特别信赖，有个头疼脑热，喜欢去找老李头讨偏方，而不是去医院看医生。

"爷爷，等我爸出差回来，让他带您去医院检查吧，这药不能随便吃，何况李爷爷已经那么大岁数了……"

"岁数大怎么了？中医是越来越有经验，别忘了，你小时候脖子上长了个大脓包，医生说除了开刀没有别的办法，你李爷爷一包药就给治好了，看看你的脖子，如果让那鬼医生开刀，不得留下个多大的疤呢。"小宇对这个故事太熟悉了，从小到大听，不知道听了多少次。小宇自觉她没有能力说服爷爷，只好静观形势，等爸爸回来。

一个月后，从学校返家的小宇听闻爷爷已经到医院检查过，李爷爷给他配的中药偏方被爸爸给强行停掉，换上了西药。吃了一段时间，爷爷的气管已经好很多，只要不遇到寒冷、大风天气，爷爷不会感觉很难受。小宇去爷爷家里探望，习惯性地翻他的药匣子，这一次，乱七八糟的"自选偏方"没有找到，小宇却被摆在卧室里的一台功能按摩椅给吓到了。

小宇好奇问道："那个按摩椅是我爸给您买的吗？我怎么没听他说。"

"干吗什么都要你爸买，我自己有钱，我能买。"

"您自己买的？哦，您什么时候对自己这么大方了，这个按摩椅不少钱吧。"

"管它多少钱呢，对身体有好处就好。"小宇坐上去"按摩"了一会儿，感觉还不错。

"你那样用不对，看我给你示范一下，这个椅子功能特别多，价钱虽然贵点，也值了。"

小宇回到家里，跟妈妈提起爷爷的按摩椅，妈妈懊恼道："都怪我，出门前忘记嘱咐你了，到了爷爷家可别提他那儿椅子的事儿。"

"怎么了？那椅子挺好用的，我上去试了一下呢。"

"爷爷跟你说那个椅子怎么买的吗？"

"那倒没有，就是说挺贵的。"

"可不是一般的贵。你能猜出那椅子多少钱？12800！厉害吧，平日里见他精打细算的，这回可大方了一回。"

"还真挺贵，大品牌吗？还是有特殊功能的？"

"什么呀，爷爷在公园遛弯的时候让推销的小姑娘给拉去了，一开始说免费体验，后来就各种忽悠呗，没搞清楚情况呢，椅子就搬家里去了。用了不到一星期，爷爷说没觉得腰腿疼有缓解，反而一坐上去就心慌、头晕，叫你爸给退了——这之前他都没告诉我们，自己一个人在家用，用不对了才给你爸打电话。"

"那怎么没退？"

"商家卖出来了，产品又没有问题，人家能给退吗？还不是你爸是老好人，自掏腰包拿了三千块钱，说是商家退回来的，这下爷爷才觉得舒坦，坐上去也心不慌、头不晕了。"

"爷爷这算是被人骗了吗？"

"当然了！"小宇妈妈提高了嗓门，义愤道，"公园里那些推销产品的小姑娘、小伙子，忽悠的目标就是像你爷爷这样的退休老人，手里有点小钱，身体有点小毛病，他们卖的药啊、医疗产品啊，都是没什么疗效但也不会有害身体那种，存心骗老人家钱的。"

"爷爷那么精明的人，还能被小丫头给骗了？"

"爷爷可不觉得自己被骗了，还说那小姑娘上门了三次，大热天的，看那孩子挺辛苦，他就买了。他也不想想，一年下来，他那点退休金都用来心疼那些江湖郎中、买药小贩儿了，回头吃错了药，吃出毛病来，还不是要你爸带他去医院……"说起爷爷的种种，小宇妈妈永远有停不住的牢骚。

家里有老人的都会有类似的体验，老爷子、老太太总喜欢擅自服用药物，而且屡劝不听，导致出现因多吃、错吃引发的在严重疾病甚至危害生命的事件发生。老人过了65岁，由于身体各大系统的退行性变化，体弱多病，许多老年人是慢性病患者，同时服用多种药物，这种情况下，如果老年人不遵医嘱，自己添加服用药物的种类，或者擅自加大用药量，不仅拖延病情，还可能带来生命危险。

是故，老年人用药要杜绝一些不习惯。其一，不要四五种药一起吃。同时间内用药种类越多，发生不良反应的风险越大，容易互相发生作用的药物在服用时间上要尽量隔开。

其二，对"祖传秘方""灵丹妙药"偏听偏信。老年人的慢性病可能会伴随终身，即使治疗配合用药，不可能短时间见奇效，有的老年人治愈心切，短时间内达不到效果便更换医院、更换药品，或者干脆找一些民间的"神医""三十年老中医"之类，结果可能在偏离维持现状的轨道。

其三是不遵医嘱，超量服药和减量服药。老年人希望病情好转的速度快一点，再快一点，擅自增加用药剂量，增加了产生不良反应的风险。当老年人对药物产生不良反应时，由于不堪忍受药物副作用，干脆减少用药剂量，或者担心对药物产生依赖性或副作用，擅自停药，结果却耽误了治疗。

老年人一般不会学年轻人服用可卡因、海洛因这些特别猛烈的物质，而且，那些长期服用违禁物质的年轻人通常活不到老年阶段，另一些人则短暂服用后便摆脱了。仅仅医用药物来说，足以让老年人的身体器官负担一番。对药物的戒断反应使得老年人陷入危险境地，甚至比滥用毒品类物质的年轻人遭遇戒断反应时还要危险。因此，一旦老年人准备中断用药，一定要在严密的监控下开始停止，同时密切关照老年人的心理状态，及时干预老年人的消极情绪状态，如抑郁、孤独等。

最后的孤独——空巢老人的焦虑

趁着出差的机会，绮雯回家探望奶奶和老爸。自从五年前绮雯妈妈因癌症去世后，家里只剩下奶奶、爸爸两人了。晚饭间，奶奶提起半年里小区里相继发生的新闻，绮雯又是诧异，又是心忧。

奶奶说起住在 4 号楼的王奶奶，不知道什么原因，住院住上瘾了。王奶奶 60 多岁，过完年之后就说她心跳加快、胸闷，她反复测量血压，一天测量十多次，时时为自己把脉。后来她觉得自己病得严重，到门诊要求住院。在循环内科住了两个星期后，医生在说她没什么问题，可以出院。没过多久，王奶奶又去医院了，这一次添了新病，她胃肠不舒服，颈椎、腰椎也跟着不舒服。不管医生如何安慰，王奶奶坚称自己得了重病，活不了多久了，说到动情之处，王奶奶连鼻涕带眼泪也跟医生倾诉，说她吃了一辈子苦，到老了才过上好日子，如今儿孙满堂，她不想那么早就死掉……后来精神心理科医生参与会诊，发现王奶奶一切的身体不适源自她的抑郁症。

绮雯还没有从王奶奶的故事中缓过神儿来，爸爸接着奶奶的话题，讲起了 17 号楼范爷爷的事。端午节刚过两天，范家的三个孩子各自带着爱人、孩子回家，范爷爷就在家里吃了两百片安眠药，若不是他家的金毛跑到小区里"叫人"，范爷爷可能已经不在了。

绮雯好奇问道："范爷爷是那个矮矮胖胖的范爷爷吗，爷爷的老同事？我在楼下看见他了，牵着金毛遛弯儿呢。"

"他天天闲得没事儿做，不遛弯儿干吗？不知道是岁数大了，还是药吃多了，最近范爷爷脑子不太灵光，说话颠三倒四的。"

"那他为什么要自杀？"

"谁知道？"绮雯爸爸道，"中原跟我讲，自从他把孩子接回去上学，老爷子精神状态一直不太好，整天念叨自己每天的工作就是吃饭、睡觉，老了，没用了，但是谁也没想到他会闹这么一出。"

"估计也是抑郁症吧，这个年纪的老人都是退休了，待在家里，子女平时不在身边，没有精神寄托，很容易抑郁的。"说着，绮雯觉得担忧，补充道，"爸，你们两个没事儿吧，要不要去医院检查一下？"

"什么事儿？抑郁吗？算了吧，谁抑郁，你老爸也不会抑郁，你说是吧，妈？"

奶奶道："我吃得好，睡得好，啥毛病都没有，我可不去医院。"

饭后，绮雯悄悄对爸爸说："咱们这个小区快成'老年公寓'了，院子里走来走去的都是老爷爷老奶奶，年轻人见不到，小孩子也见不到，怪不得经常出这种事儿。"

"咱们这算太平了，隔壁工行小区，上个月死了两个。"

"自杀？"

"对啊，一个88岁老太太，从阳台跳下去了，当场就死了，还有一个是吃了安眠药，抢救晚了，没救过来，死在医院里。"

绮雯沉默了一会儿，道："爸，我有个主意，你看行不行？咱们把这个房子卖了，再添点钱买个新房，你和奶奶搬过来跟我住吧。这个房子又老又旧，整个小区死气沉沉的……"

"看把你能耐的！"爸爸打断道，"干吗，你是怕奶奶想不开，还是怕我抑郁？"

"换个环境换个心情，而且我也能照顾一下你们，这不是挺好吗？"

"算了吧，即使我和奶奶能搬，我的棋友能跟着一起搬吗？还有奶奶的老姐妹，她们也能跟着你住？再说了，我搬走了，你妈怎么办，如果她回来看我，家门都找不到……"见爸爸眼睛泛起泪花，绮雯忍不住看一眼妈妈的遗像，喉咙哽咽。

独生子女一代一代逐渐长大成人，当年的爸爸妈妈进入了老年阶段。孩子像燕子长大了，翅膀硬了，飞走了，剩下了留在家里的爸爸妈妈，他们被称为"空巢老人"。留在家里的老人，子女不在身边，与子女见面机会少，很少接到孩子电话，很容易诱发老年人的精神疾病。如果加上老伴儿去世、心血管病、糖尿病等慢性疾病导致身体不适，老人更容易出现心理健康问题。

像第一个被诊断为"抑郁症"的王奶奶，她的症状属于抑郁症的非典型性表现，是多发于老年女性身上的症状，患者认为自己身体出现了问题，多到综合科就诊，临床检查并不会有严重的器质性病变。老年人的抑郁症与遗传、重大生活事件有关，关系重大的是孤独的生活环境。在孤独的环境中，老人无所事事，精神无所寄托，表现出长期失眠、没有食欲，体重快速减轻，不愿出去与人交往，产生轻生念头等，有的老人求助无门，与子女关系恶劣，便将自决付诸行动。

老年人本身不太容易注意到心理状况的变化，为了避免因空巢孤独而引发心理疾病，老年人在退休之后不要一切围着孩子转，最好培养一些兴趣爱好，比如书法、健身、养鸟养花等，也可参加一些学习班，把继续学习作为生活重心，最重要的是保持与外界的接触，与人交往。

上有老下有小的子女因为工作的关系可能没有更多时间陪伴在侧，但应保持与父母的交流，不要让老人感觉到心灵上的孤独。综合选择轻生的老年人的情况，可发现一些规律：儿女忽视父母的心理感受，儿女回家探望的次数少，平日里电话联络问候也很少。有更糟糕的情况是儿女与父母关系恶劣，彼此厌恶、憎恨，更加重了老人的心理负担。

年轻人不要一味地将赚钱孝敬父母作为报答父母的最好方式，应该关心父母，懂得父母的内心需求，平日里让他们感受到温情与慰藉。当然，最好的方法还是常回家看看，如那首歌中唱的，"找点空闲，找点时间，领着孩子，常回家看看，带上笑容，带上祝愿，陪同爱人，常回家看看"……

第十一章

人与道合——心身相互作用

性格决定疾病——A 型性格与冠心病

夜里十二点钟，常林被救护车送到医院，医生在急诊室里抢救了十五分钟，常林恢复意识，全然搞不清楚发生了什么事情。

常林是一个性子火暴的人，做事情风风火火，雷厉风行，却也因为脾气太急，容易生气，时常发火，使得他手下的员工个个如小白兔一般，见到他如同见到了大灰狼，吓得大气不敢出，生怕哪句话说错被他吼。

住进医院前的一整天里，常林如同暴怒的狮子一般，好像身边的每一个人都在跟他作对一般，没有一件事儿是按照他的安排顺利执行的，没有一处环境令他安心。在公司里，上午九点召开电视会议，实习助理不会安装设备，从九点调试到九点十五分，会议无法开始，常林火气蹭得蹿到胸口，推开实习生道："这么点事情都做不好，让开，我自己来。"常林三下五除二地调试好设备，开始了电视会议。

开完会，实习生红着眼眶到常林办公室跟他道歉说："对不起，经理，我下次一定提前调试好设备。"很明显，小姑娘躲出去抹眼泪了。

"对不起，对不起，对不起，跟你说过多少次，我不想听对不起，我要的是效率，公司花钱请你来是让你每天讲对不起的吗？"没说两句话，常林又把实习生给说哭了。常林有些不知所措，道："行了，出去吧。"中饭时分，常林忍不住跟人事经理抱怨，道："现在这些小草莓，说两句就哭鼻子，当上司是她爸爸，真是没救。"

"别说是草莓，核桃也抵不住你这又大又尖锐的大榴梿。"人事经理玩笑道。

"榴梿？我有那么臭吗？"

吃过午饭，常林继续看他的报表，星期五公司开例行董事会，需要准备一份他所在部门的财务状况报告，常林这两个星期以来的忙碌，全是为董事会做准备。下班前半个小时，常林接到电话，通知他董事会召开时间提前，如此一来，他只剩下两天时间。常林生气极了，恨不得大吼大叫。

下班路上，常林一直在想报告的事情，他还有两天时间，如果再熬个通宵，时间上应该没有问题，想着想着，常林走了神儿，车子起步时把前面车子给撞了。常林想赔钱走人，对方不依不饶，愣是在街上等交警处理，一言不合，常林和对方吵了起来，前后花了四个小时，才把整件事处理完毕。

回到家里，妻子跟他报告女儿钢琴比赛得了奖，儿子却因为数学考试不及格和与人打架，她被老师请到学校谈话。常林三心二意地听着，匆匆忙忙吃完饭，回到书房赶报告。其间，儿子把电视机开得声音巨大，吵得他无法安心，女儿因为买裙子的事情和她妈妈吵嘴不停，常林越听越烦躁，冲到客厅吼道："你们安静一会儿行不行，叽叽喳喳，叽叽喳喳，烦不烦？"常林发过火之后，家里突然安静下来，女儿怯怯地问妈妈道："我爸他怎么了，吃错药了似的？"

常林熬夜写到了两点半，感觉头晕眼花，胸口一阵憋闷，他站起来，想喝杯水清醒一下，不料一个趔趄，瘫倒在地。等他醒过来时，已经躺在医院的急救室里了。听他妻子说，是儿子半夜起来上厕所，看见他躺在书房的地上，叫醒妈妈，拨了急救电话的。

出院之前，医生建议常林做一个全身检查，不查不知道，一查吓一跳，他的化验单上赫然写着"冠心病"三个字。原来，常林常有的胸痛、手臂痛是因为冠心病的关系，而他突发的心脏病则是因为通往心脏的氧气供应被阻断，导致了心肌梗死，属于冠心病的最严重情况。医生建议他放慢生活节奏，远离高强度的压力环境，常林无奈道："说得轻松，我还有一份财务报表没做完呢。"

一份来自 1976 年由美国内科医生罗森曼主持的调查揭示了冠心病与 A 型行为模式之间的关系。所谓 A 型行为模式，主要包括三个方面，即感到时间紧迫，容易对人产生敌意，竞争意识强。A 型的人总是行色匆匆，他们动作匆忙，办事节奏极快，同时他们雄心勃勃，遇到困难也不罢休，对任何事情都有一种不满足感，一件事情没有做完，又去做另一件事情，四处奔忙。人际关系中，他们脾气暴躁，容易生气及着急，常常为一些小事就可以大发雷霆。因为 A 型行为模式的人对自己工作要求苛刻，对周围环境要求严格，拼命工作的同时，很容易导致身体疾病的发生，最典型的便是冠心病及由冠心病引发的心绞痛、心肌梗死。

与之相对的是 B 型行为模式，这类人做事情不慌不忙，不会因为休息、惰怠产生负罪感，也不会轻易对人产生敌意。工作方面，B 型行为模式的人做事不愠不火，举止稳当，对工作和生活的满足感强，喜欢慢步调的生活节奏，除非环境逼迫，他们不会过分在意个人成就和工作业绩。

在患冠心病概率方面，A 型是 B 型的两倍。考虑到饮食、年龄、吸烟及其他因素，结果也是一样的。在 A 型行为模式中，容易对人产生敌意是最重要的一个指标，A 型性格也好，B 型性格也好，如果一个人长期表现出对他人的敌意，其患冠心病的可能性便高于其他人。其发病原理或与交感神经系统的过度唤醒有关，容易对他人产生敌意的人在面临压力时表现出强烈的生理唤醒，这些人的心率更快，血压更高，交感神经系统活动水平过高，这种神经的过度活跃是导致冠心病的主要原因。

在性别间的研究显示，男性中的 A 型行为模式更多见，因而男性患冠心病的危险高于女性。其中一个原因是 A 型行为模式中的竞争性、攻击性都是男性欣赏的行为，男性在表现出最初的攻击性、竞争性时得到强化，从而形成这样的行为模式。家庭中的父亲如果是 A 型行为模式，儿子会以模仿的形式表现出 A 型行为。而且，A 型行为模式的父母在教育孩子时会用加倍努力、表现优异作为表扬的条件，相反，如果孩子没有顺利达成目标，可能遭到严厉批评。

不良情绪——癌细胞的活化剂

A 型行为模式中与疾病相关的因素是敌意、愤怒与急躁，在人的其他情绪中，同样存在与疾病之间的密切联系。临床调查显示，食管癌病人常伴有忧愁和急躁等消极情绪，胃肠疾病则与紧张、焦虑和情绪压抑有关，总体来说，克制、压抑、不满和悲愤等情绪更容易让人患上癌症。

其实，即使不生癌，不良情绪对人的身体机能影响也非常直接。如恐惧令人口渴、出汗、脸色发白，人在紧张时头皮发痒，烦躁时头皮屑增加，长期不良情绪可能带来反复无常的荨麻疹、湿疹、痤疮，另外，女性的卵巢、乳腺和男性的前列腺同样会对不良情绪做出反应。在极度压抑、痛苦的情绪下，女性可出现连续几个月的停经。

在众多身体器官中，与情绪变化最密切的莫过于胃肠道。心理上的稍微波动总能被胃肠道捕捉到，在所有的心身疾病中，胃肠疾病排在第一位，比如胃溃疡和十二指肠溃疡。当人处在工作压力、心理负担过大的情况下，植物神经紊乱，随之胃液分泌失调、胃粘膜血供减少，轻者胃口不好，重者发生胃溃疡。医学界有一个说法，溃疡是病人的胃酸消化自己的组织造成的。

说起来，小到感冒发烧，大到冠心病和癌症，均逃不过不良情绪的影响。平日里我们经常见到生活不愉快、缺乏安定、情绪压抑的人动辄伤风感冒，大病小病不断，有的人一着急就喉咙痛，一紧张就头疼、胃疼或腹泻，这些不过是不良情绪与身体"交锋"后的浅层表现，严重的情况便是催化癌细胞的出现。

宝娜 28 岁时被诊断患了乳腺癌。医生给的建议是手术，越早越好。宝娜犹豫了一下，决定回家和老公商量。宝娜两年前经人介绍与她老公结婚，因为宝娜身体不好，她一直在调理身体，准备生孩子，如果真的接受手术，她以后要怎么办呢？宝娜和父母商量过，父母希望她尽快接受手术，保命要紧，宝娜和她老公商量，得到的答案是让她自己拿主意，他会支持。

有了家人的支持，宝娜接受手术，切掉了双侧乳房，之后接受化疗，令宝娜没有想到的是，她的化疗没有结束，她老公已经和他的一位女同事有了婚外情。宝娜提出了离婚，她老公终于道出了他的心里话，原来，他从宝娜检查出乳癌那天开始就有了离婚的想法，他的理由是：我不能守着一个残破的女人过日子。

宝娜心痛到了极点，她接受化疗，定期复查，却无法摆脱离婚的阴影，越是回想往事，她越觉得她的癌症和这一场短暂却不愉快的婚姻有关。她与她老公虽然不是自由恋爱，结婚初期却相处愉快，可能是他最开始伪装得比较好，相处时间久了，宝娜慢慢发现他性格暴躁，酗酒，从来不会主动关心人，宝娜和他吵过很多次架，每次都是他摔门走人，留下她一个人在家里哭。很长时间里，宝娜心情压抑，也动过离婚的念头，可是回想他以往的好，又有些舍不得。宝娜希望时间可以让他慢慢变好，希望和他一起过日子。哪知天不遂人愿，一场癌症把她仅有的希望扫空了。

见她每天愁眉苦脸，主治医师说，癌症最忌讳的便是负面情绪，悲伤、抑郁不利于后期康复。医生还给她讲了一些手术后顺利康复的例子，宝娜尽量调整她的情绪，平日和爸爸妈妈逛逛街，出去旅行，她还在孤儿院找了一份义工做，帮助照顾那天无家可归的孩子。宝娜不再考虑进入另一场婚姻，只要她能继续活下去，便是上天最大的馈赠。

调查显示，超过 60% 的癌症患者在发病前经历过重大的情绪打击，如配偶死亡、离婚、伤病、失业、家庭成员患病、夫妻分居、遭遇法律纠纷等。在许多癌症患者的家庭病史上，并不能查到肿瘤的影子，可是他们依然会被恶性肿瘤盯上，原因往往是长期的精神压力及不良情绪的作用。

在罹患乳癌的女性群体中，她们有一些共同的特征，如做事追求完美，凡事爱较真，常常钻牛角尖；在工作中非常争强好胜，为事业过分拼命，常常熬夜加班；过分在意别人的眼光，过度压抑自己的情绪。在胃病患者中，长期情绪压抑和家庭不和睦是重要的心理原因。患者多是性格内向，长期处在不良情绪之中，有人则遭遇过剧烈的精神创伤。

不良情绪对癌症的作用可以这样通俗地理解：所有癌细胞都是正常细胞突变造成的，为什么会突变？在人的机体免疫系统正常的情况下，人体自身具有监视、抑制和消灭细胞突变的能力，一旦人长期处在紧张、焦虑、抑郁、绝望的心理状态，人的免疫机能受到抑制，就可能促使肿瘤的发生和发展。

在针对 HIV 呈阳性的男同性恋者和 HIV 呈阴性的男同性恋者的研究发现，不良情绪（尤其是悲观的情绪）让患者难以培养合理的膳食习惯、保证充足睡眠和坚持锻炼，而这些都是对健康有益的行为，不良情绪导致 HIV 携带者的免疫力下降得更快，因为不良情绪使得身体对压力产生过度的生理反应，从而直接损害健康，或者通过减少积极的应对策略间接地影响健康。

另外，将不良情绪压抑在心里不表达出来也对身体健康有害。长时间的压抑情绪会损害免疫系统和心血管系统。习惯性压抑情绪的人无法宣泄自己的消极情绪，他们意识不到不良情绪或者是意识到了不愿意承认，导致身体长期处在唤醒状态，对身体造成损害。

宣泄情绪对健康有积极作用，从他人那里寻求情感支持，接受积极情感支持，同样可以获得更好的健康状况。主要的社会支持来自伴侣，很多情况下，如罹患癌症、心脏病等重要身体疾病，已婚者的死亡率低于未婚者或失婚者，在婚姻关系中，能够保持冷静、友好交流则比充满敌意、态度消极更有利于免疫力的提高。

面对癌症，最重要的是依然是当事人乐观的应对方式，起关键作用的也是这个。许多人在从病魔手里死里逃生之后，往往变得更成熟，更宽容，更亲和，更能理解生命的意义，有的人则从与病魔战斗的过程中意外地发现了自己不曾意识到的勇气、力量和坚韧。乐观，被迫的乐观或者天性如此，更可能让人在创伤下、压力下做出积极的改变，从而获益、成长。这是比单纯地应对疾病更有价值的生命课题。

痛在身病在心——慢性疼痛

王建国今年 64 岁，从四年前提前退休后，王建国开始头疼。左侧太阳穴是头疼开始的地方，严重时扩散到整个头部，头痛发作时，他整个人变得心烦气躁，站也不是，坐也不是，具体哪里疼他说不清楚，却伴有明显的恶心。吃过止疼药，头疼暂时缓解，但是在情绪起伏较大，身体疲劳时，止疼药没法缓解他的疼痛。尤其在他失眠的时候，躺在床上胡思乱想，长久没法儿入睡，头疼更厉害了。

为了这久治不愈的头疼，王建国多次入院，脑 CT 做了好多次，均未显示出异常。王建国怀疑脑子里长了肿瘤，小地方的医院可能检查不出来，为此，他去北京做了一次检查，去日本做了一次全身体检，但是没有发现他所谓的"脑瘤"。一位与他相熟的医生朋友建议说，他的头疼可能是心理因素导致的，叫他去看精神心理科。

果不其然，王建国的头疼正是他的过度焦虑引起的。王建国的女儿十多年前因为读书去了加拿大，后来结婚生子，定居在那里，妻子退休后，女儿叫她过去帮忙照顾外孙，家里只留下王建国一个人。退休之前，王建国的日子还算好过，与年轻人混在一起，并不觉得孤单，离开工作岗位后，王建国顿时觉得自己成了孤家寡人，因为他的工作领域涉及国家机密科技，移民申请被驳回，与家人团圆无望，他焦虑过度，失眠、头疼悄然找上门来。

头痛的发生和许多因素有关，人的性格、生活环境的改变、神经递质变化都会导致头痛发生。当人处在焦虑状态时，交感神经处在兴奋状态，使得血流加快及部分脑血管扩张，人就会感觉头痛难忍，却又找不到具体的疼痛位置。王建国的头疼大概基于这样的生理基础。

很多人对疼痛有一个错误的概念，觉得疼一会儿没什么大不了的，忍一忍就过去了。对于慢性疼痛患者，可不是忍一忍那么简单的。基本上，如果疼痛时间持续三个月以上便可以定义为慢性疼痛。慢性疼痛和一时半晌的疼不一样，它影响人的家庭生活、社交生活，还会带来诸多情绪问题。

调查显示，慢性疼痛使得患者无法正常睡眠，无法购买生活用品，无法参加任何形式的娱乐活动，在慢性疼痛的折磨下，患者逐渐情绪低落，出现睡眠障碍、焦虑症、抑郁症。慢性疼痛的群体中，老年人居多，老年人往往比年轻人更能够忍受疼痛，是故，60 岁以上的老年人一定要重视疼痛，不要觉得小痛不要紧，忍一忍就过去了，一旦疼痛持久，要及时就诊，且要记得，不仅要考虑生理原因，还要考虑心理原因。

心理疾病中，与慢性疼痛关系最近的是抑郁症。这两种疾病看似风马牛不相及，实则关系密切。慢性疼痛导致患者的情绪改变，出现持续的焦虑、易怒、烦躁等情绪，如果疼痛长期得不到缓解，便会朝着焦虑症、抑郁症的方向发展。有调查显示，偏头疼患者共病广泛性焦虑障碍的概率在 6%，其中男性偏头疼患者同时患有广泛性焦虑障碍的概率比女性高两倍。

临床上，医生在处理慢性疼痛时的错误方法更容易导致患者因为心理因素而疼痛增加——治疗目标单一固定在止痛，忽略考虑心身反应的结果。

治疗慢性疼痛时，因为疼痛的感觉全凭主观判断，患者无法区分疼痛来自躯体还是心理因素，因此，在治疗过程中，一旦发现止疼药的使用不起效果，就应该考虑心因性的疼痛。当然，心因性的疼痛并非完全放弃常规治疗转精神心理科，最好的方法是结合疼痛治疗和心理治疗，在治疗疼痛的同时辅以心理干预，心理症结的剔除对疼痛治疗有巨大帮助。

久治不愈有心因——溃疡的真相

近三十年的人生里，与敏患打交道次数最多的疾病是口腔溃疡。从她读中学开始，时不时地要口腔溃疡一次，但凡遇到人生重大事件，像中考、高考、出国留学、结婚等，敏惠的嘴里总会自动自觉地冒出几个巨大溃疡，她越是心里着急、犯愁，溃疡越是和她作对，严重时一拖拖上两三个星期。

为了这口腔溃疡，敏惠看过各种口腔医院，在澳大利亚留学期间，她也频繁地跑了几次医院，大多数医生的说法都是造成口腔溃疡的原因很复杂，身体缺乏维生素群、饮食辛辣刺激、生活不规律、情绪压力都是重要诱因。敏惠按照自己的情况排除了一下，她的饮食搭配还算平衡，蔬菜水果的摄入量远远高过肉类，她也不是喜好夜宵的年轻人，作息规律，按时睡觉按时起床。唯一能与她的溃疡反复发作扯上关系的只剩下她特别容易紧张的性格了。

一直以来，敏惠都是紧张型选手。遇到重大考试、工作面试、筹备大型会议、准备自己的婚礼等这些需要"持久作战"的大事件，敏惠提早便进入紧张状态。她印象最深的是准备雅思考试时，她连续口腔溃疡一个月，吃各种药并不见效，医生嘱咐她不要过于紧张，放松心情，可是她性格如此，最后还是熬过了考试，口腔溃疡才慢慢好转。

近日来最严重的一次发病和敏惠接了一份她并不喜欢的工作有关。生完孩子后，敏惠在老公朋友的邀请下选了一家设计公司，担任市场顾问，她了解产品设计的市场，但更感兴趣的依然是设计本身，碍于多方面的面子，敏惠只好勉强为之。年终核算时，敏惠连续工作，又逢孩子遭遇流感，糟糕事情赶在一起，敏惠的口腔溃疡一发不可收拾，从年前拖到年后，害得她没有心情好好过年。

口腔溃疡是常见的一种口腔疾病，造成口腔溃疡的因素有很多，如维生素 B、维生素 C、铁质和叶酸等缺乏，牙龈和口腔的状态也会影响溃疡。心理因素当然也是导致口腔溃疡发生的一个重要因素，最明显的就是如敏惠的状况，一焦虑就长口腔溃疡。焦虑、紧张和压力过大的确易引发口腔溃疡，口腔溃疡虽然不是什么大病，但是发作起来令人痛苦难耐，影响进食、饮水，且影响日常情绪。

除了口腔溃疡，胃溃疡、十二指肠溃疡也是常见的溃疡性疾病。胃壁上出现小孔或损伤为胃溃疡，十二指肠上出现小孔或是损伤为十二指肠溃疡，溃疡会让胃部产生烧灼感、嗳气、反酸和疼痛感，还会出现食欲不振、恶心、呕吐、胃出血等情况，严重的十二指肠溃疡可导致出血、穿孔甚至威胁生命。

导致胃或十二指肠溃疡的原因很多，如细菌感染、胃液分泌过多或者胃壁、十二指肠内层虚弱。胃酸对胃黏膜的腐蚀作用是溃疡病的根本原因。胃酸是由胃黏膜壁细胞分泌的物质，主要成分是盐酸，具有强烈的腐蚀作用。人因为精神紧张、情绪失调，引起身体腺体分泌失调，改变胃酸的分泌，胃酸过高则诱发胃溃疡、十二指肠溃疡。胃黏膜上皮细胞通过分泌大量黏液来保护自己不被胃酸腐蚀，摄入的食物也能中和胃酸。但是这种保护作用是有限的，如果胃酸过多，酸性物质就有可能突破黏液对胃黏膜上皮细胞造成损害。

研究者也发现，某一类型的人格特征容易导致溃疡的发生。案例中的敏惠便是代表之一，她习惯性紧张，在遭遇重大事件时过度焦虑，自我克制，使得情绪得不到宣泄，从而导致口腔溃疡伴随多年、反反复复地发生。"溃疡人格"基本上长期处在紧张的精神状态下，脑子里绷着一根弦，过度紧张，即使休息也仍不能松弛；这类人情绪波动比较大，遇到刺激会产生强烈的情绪反应，尤其是遭遇挫折时，容易产生愤怒和抑郁。与此同时，他们自制力又很强，怒而不发，把糟糕情绪全部压抑在心里，导致了植物神经系统的兴奋，引发疾病发生。

如果说，个性特征是导致溃疡发生的根本原因，不良的生活方式便是直接的刺激。脑力劳动者比体力劳动者更容易发生溃疡，工作性质导致他们长期处于精神紧张、焦虑或情绪波动状态，有的人则因为工作原因导致饮食不规律，长期熬夜打乱胃酸分泌节律，吸烟过多，饮酒过多，烟草和酒精亦可直接损伤胃黏膜细胞。这些情况可以通过改变生活方式、进行心理调节获得改善，从而减少溃疡发生的概率或者由溃疡转变为更严重疾病的概率。

如何是好——心身疾病之来去

所谓心身疾病，指的是精神刺激引起的器质性病变。与之相似的两个概念是心身反应和心身障碍，前者指的是精神性刺激引起的生理反应，当刺激除去，反应也就恢复；后者指的是精神刺激引起的功能障碍，患者身体没有产生器质性变化。上文提到的不良情绪与癌症之间的关系、慢性疼痛与抑郁症之间的关系、紧张、焦虑与溃疡类疾病之间的关系属于心身疾病的范畴。

心身疾病涉及心理因素和生物因素两种，可以说是心理因素和生物因素综合作用的结果。心身疾病包括之前提到过的溃疡、慢性疼痛，还包括溃疡性结肠炎、甲状腺机能亢进、局限性肠炎、类风湿性关节炎、原发性高血压、神经性呕吐、哮喘、心因性阳痿、强迫行为等。比如说哮喘，哮喘患者一般会在春天多发，到了春季，哮喘患者就会变得紧张、害怕，担心自己的哮喘病复发，由于心理上的担忧，患者的症状原本不严重却变得更加严重了。患者如果能保持平和的心态，在春天到来的时候就不会受到病症加重的困扰。

心身疾病的发病机制至今不能确定，但是有持不同观点的理论，比如心理生物学理论、生活事件的刺激、精神应激和情绪反应、个体易感性和行为模式等。心理生物学理论认为，情绪对一些躯体疾病的影响很大，对自主神经系统支配的某一器官和某一系统影响更为明显。生活事件的影响则更为直接，如研究亲人分离和忧郁与各种疾病的关系证明，大部分患者在丧偶后都有失落感，在器质性疾病出现之前，患者已经感觉到对生活失去希望和帮助，而且，丧失配偶的患者患冠心病、高血压的概率增高。

遭遇应激事件容易让人患上身体疾病，主要是因为负面情绪的作用强大。愉快、开心、放松、自在等积极的情绪对身体有益，不愉快的、紧张的、焦虑的、恐怖的等情绪则对身体有害。负面情绪虽然是个体对环境的适应反应，对机体有保护作用，可是，如果负面情绪过大、持续时间过久，则会导致机体功能失调，产生疾病。胃病便是最好的表达情绪的器官，焦虑、抑郁、愤怒等情绪使得消化功能受到抑制。个性特征、行为模式与心身疾病亦有关系，如上文提到过的 A 型行为模式和依赖型人格、过分自我压抑的人格特征等。

根据年龄阶段的不同，心身疾病的种类有些许区别，比如在学生、年轻白领群体中，由于精神过于紧张引发的胃溃疡、胃肠慢性炎症以及肠易激惹综合征等比较常见，中老年人则面对着心脑血管疾病与肿瘤的预后等慢性疾病带来的心理负担。遭遇重大生活事件的患者则可能与肿瘤发生、癌症有关。

针对心身疾病的治疗，不同症状有不同针对性治疗策略，但是总体有一些综合性的心理社会干预策略。比如生物反馈疗法，生物反馈是借助电子仪器记录下内脏器官的活动信息，让人们能够从视觉、听觉信号中感觉到自己内脏器官的活动情况。学习、训练建立起操作性条件反射，学会对内脏器官活动的随意控制，如控制心率、血压、肌肉的紧张度，恢复内环境稳态，从而达到治疗的目的。生物反馈可以针对性地治疗原发性高血压。

认知疗法通过改变人的认知过程与这一过程中产生的观念来纠正本人的适应不良的情绪或行为，认知疗法可以用于治疗心身疾病或心理问题，包括心身疾病伴发的抑郁障碍、焦虑障碍、创伤后应激障碍、自杀及自杀企图等。森田疗法、暗示疗法、催眠疗法、家庭治疗、音乐治疗等也是增进个体身体健康的治疗方法。

从生活方式上改变身体，调节心理，可谓一举两得的方法。比如说运动疗法，运动被公认为健康生活方式之一，也是一种调节心身疾病的方法。运动增加大脑内啡肽的分泌量，调节不良情绪。当然，改变生活习惯，减轻体重，限制盐量的摄入，戒烟、控制饮酒也是避免心身疾病的良好方法。